Über den richtigen Umgang mit Katzen

© Tomus Verlag GmbH, München 1996
Aktualisierte Ausgabe von
„Das offizielle endgültige Handbuch für den Katzenfreund"
Alle Rechte der Verbreitung, auch durch Fernsehen, Funk, Film,
fotomechanische Wiedergabe, Bild-, Ton- und Datenträger jeder Art,
sowie auszugsweiser Nachdruck vorbehalten.
Satz: Fotosatz-Service Weihrauch, Würzburg
Druck und Bindearbeiten: Ebner, Ulm

1 2 3 4 5   00 99 98 97 96
Auflage   Jahr
(jeweils erste und letzte Zahl maßgeblich)

ISBN 3-8231-0826-3

Über den richtigen Umgang mit
Katzen

Von Günter Stein
Illustriert
von Hans Ullrich

Aus dem Inhalt

Vorwort:
Vergöttert und verhext 7
Wie der Tierfreund zum
Katzenfreund wird 11
Das undeutsche Tier 17
Katzenfreund als
Tigerman 20
Erste Kontakte in
stillen Straßen 25
KaterIn in
Schwarzweißrot? 31
Von neuen, alten und
jungen Katzen....................37
Vom passiven zum
aktiven Katzenfreund..........44
Vom Mittagstisch als
Katzentisch........................50
Katzenfreundschaft
im Härtetest......................56
Namen sind Schall..............65
Von den Nachteilen
der Liebe 73
Der Mensch als Portier.......79
Distanz und Zuwendung –
richtig dosiert 84

Ein Gefühl für Feeling........89
Vom „Au" zum
„Rrrrrrrrr"..........................93
Das große Problem:
der eigene Kopf 100
Charakteristisches
über Charaktere................105
So kommt eine zur
anderen............................111
Explosionen und
andere Katzenkontakte 116
„…hört nicht auf den
Namen Schröder!" 121
Stille Stunde zu zweit........127
Schmerz, laß nach! 131
Urlaub – nein, danke! 135
Vom Nachbarn, der das
Kätzchen nicht gewollt 141
Erste Wochen,
letzte Stunden 145
„Der Mensch im Bett
ist unhygienisch." Und
andere Tips aus
Katzensicht......................152

Vorwort:
Vergöttert und verhext

Katzen gibt es angeblich seit rund 50 Millionen Jahren – das jedenfalls behaupten die Forscher anhand von Funden uralter, total verrosteter Kitekatdosen, die aus dem Tertiär stammen und heute im Senckenberg-Museum zu bestaunen sind. Das bedeutet, daß die Katzen viele Millionen Jahre ohne den Menschen gelebt haben (der's bisher ja nur auf eine oder zwei Millionen bringt), und das ist eine Zeit, an die die Katzen im allgemeinen gern zurückdenken.

Denn es ging ihnen nicht immer gut mit dem Menschen als Nachbarn.

Genauer gesagt: Die Unzuverlässigkeit des Zweibeiners hat sie einmal – im alten Ägypten – fast zu Götterehren kommen lassen, während man sie im Mittelalter als Hexenbeiwerk in die Scheiterhaufen warf.

Besonders diejenigen, die das Pech hatten, schwarz zu sein – aber das gilt ja auch unter Schafen nicht unbedingt als Vorteil.

Daran hat sich in unseren Tagen einiges geändert. Es gibt zwar immer noch genügend Mißtrauen ihnen gegenüber – und wir werden auf den folgenden Seiten mehrfach darauf zu sprechen kommen –, aber solange der Mensch keinen weißen Kittel trägt und nicht in der Pharmaindustrie arbeitet, stellt er im wesentlichen keine direkte Gefahr für sie dar.

Daß er als Autofahrer Jahr für Jahr viele Katzen totfährt, muß nichts heißen. Das passiert nicht nur Katzen, hat also nichts mit einer besonderen Feindschaft zu tun – es ergibt sich halt mal so, und damit muß man leben, jedenfalls solange man's überlebt.

Mißtrauen gegenüber weißen Kitteln

7

Seit Beginn der uns bekann-
ten Menschheitsgeschichte
arbeitet die Katze mit dem
Menschen zusammen, ebenso
wie der Hund. Beide brauchte
er zum Jagen: Während der
Hund draußen hinter den
Karnickeln her war, widmete
sich die Katze der Mäusejagd
im Haus.

Heute sind beide, Hund wie
Katze, weniger als Nutztier
denn als Haustier angestellt.
Sie dienen dem Menschen
dazu, ihn zu unterhalten, ihm
die Zeit zu vertreiben, und
wecken angeblich etwas in
ihm, das man „Gefühle"
nennt.

Beide tun dies auf unter-
schiedliche Art, **und deshalb ist die eine Hälfte
der Menschheit dem
Hund, die andere der
Katze zugetan.** *Während
man aber beim Hund vom
„Hundebesitzer" spricht,
ist bei der Katze eher vom
„Katzenfreund" die Rede.*
Das hat in der Praxis wenig zu
bedeuten, aber in der Nuance
liegt doch eine Welt an Unterschieden.

Den Hund nämlich besitzt
man dergestalt, daß man

Hundebesitzer
können auch
Hundefreunde sein,
Katzenfreunde aber
sind keine Katzen-
besitzer

für ihn Steuern zahlen muß
(was schon mal gewisse Rechte provoziert), zum anderen
aber auch, weil der Hund sich
gern besitzen läßt – als
Rudeltier braucht er einen
Chef, der ihm sagt, was
gemacht wird. Dieser Chef ist
der Mensch.

Kommt der Hund mal auf die
Idee, daß dies womöglich gar
nicht stimmt, und ist er
zudem groß genug, dann steht
das Resultat dieser Meinungs-
änderung am nächsten Tag in
der Zeitung.

Katzen hingegen kosten
keine Steuern, wollen keinen Chef **und wissen auch
selbst, was sie gern möchten.** Insofern brauchen sie
keinen Besitzer mit Verfü-
gungsgewalt, sondern einen
*Freund, der sie weitgehend
in Ruhe läßt.* Jedenfalls
solange sie in Ruhe gelassen
werden möchten.

*Je konsequenter der
Freund dies tut, um so
wohler fühlen sie sich und
um so mehr mögen sie ihn.
Je mehr sie ihn aber
mögen, um so mehr hat er
von ihnen.*

8

Über drei Millionen Katzen leben angeblich bei uns in der Gesellschaft von Menschen. Ob sie sich alle wirklich gegenseitig so mögen, wie es zum Wohle beider zu wünschen wäre, steht dahin. Wenn dieses Buch hierzu ein wenig mithilft, hätte es seinen Zweck erfüllt, und der Verfasser könnte seinen diversen Katern und Katzen beruhigt den Bauch kraulen, in dem angenehmen Gefühl, endlich einmal etwas Nützliches getan zu haben.

Wie der Tierfreund
zum Katzenfreund wird

Bevor wir uns dem eigentlichen Thema zuwenden, zunächst einmal die grundsätzliche Frage: **Weshalb?**
Nämlich:
1. **Weshalb Tiere?**
2. **Weshalb Katzen?**
Das „Bedürfnis", ein Tier zu „haben", ist ja bekanntlich recht weit verbreitet. Nicht immer ist sein Auslöser edel. Hört einem sonst keiner zu, sucht man sich etwas, mit dem man reden kann, ohne daß es sofort das Zimmer verläßt oder die Straßenseite wechselt.
Tiere sind da ideal, weil meistens hilflos: Entweder sind sie an der Leine oder im Käfig oder in einem Glas mit Wasser.
Auch Machtansprüche kann man beim Mitmenschen nicht so leicht durchsetzen. Und auch hier ist das Tier durchwegs ein geduldiger Ersatz. Den harschen Ausruf: „Bei Fuß!" läßt sich nur ein Tier gefallen – vermutlich, weil es den Unterschied zwischen Grobheit und Höflichkeit nicht kennt.
Und schließlich, wen überrascht's, ist auch der Wunsch nach Zuneigung ein starker Antrieb. Jemand soll sich freuen, wenn man heimkommt – tut es sonst niemand, ist ein Tier immer noch besser als gar nichts.

Doch wir wollen den praktizierenden Tierfreund nicht als ausschließlich frustriertes Geschöpf ansehen, der sich im Tier den Ersatzpartner für unausgelebte Wünsche sucht: Auch das von Grund auf Unschuldige der Tierseele – im direkten Gegensatz zu den Scheußlichkeiten, die der Mensch an

Hauptsache, einer
freut sich

11

dieser Stelle mitunter zu bieten hat – kann den Ausschlag für die Tierliebe geben.

Mit anderen Worten: der Mensch – nein, danke. Dann schon lieber eine asiatische Tanzmaus.

Oder einen ... ja, da liegt's: Welches Tier soll man wählen, wenn man Liebe, Einsamkeit, Freundschaft, Unterhaltung oder sonst eine der großen menschlichen Emotionen mit jemandem teilen möchte, der nicht gleich finanzielle Konsequenzen daraus zieht oder Ansprüche erhebt?

Hier ein paar Angebote mit den wichtigsten Vor- und Nachteilen:

1. *Goldfisch*: redet einem nie dazwischen, verhält sich ruhig und macht nie auf den Teppich. Allerdings: Er meldet keinen Einbrecher (d. h., er tut es vielleicht, aber man hört ihn nicht), und beim Streicheln macht man sich die Hände naß. Dazu die vielen Schuppen.

2. *Hamster:* benötigt wenig Platz, denn er läuft auch größere Strecken in einem

Rad, so daß man ihn nicht ausführen muß. Hat leider keine sehr hohe Lebenserwartung, ist also kein Partner, „mit dem man zusammen alt werden könnte".

3. *Vogelspinne*: verleiht einem das Image der Extravaganz und verscheucht allein durch ihr Vorhandensein jeden Besuch. Besonders wenn der Käfig leer ist. Verscheucht aber leider auch den Besuch, den man nicht verscheuchen möchte. Denn selbst liebevolles und zutrauliches Erheben der beiden vorderen Gliedmaßen sieht erschreckend aus und wird mißdeutet.

4. *Papagei:* einziges Tier, mit dem man sich richtiggehend unterhalten kann. Leider auch einziges Tier, das in der Lage ist, Geheimnisse auszuplaudern. Man muß also seine Zunge hüten und mitunter den Käfig abdecken. Schürt allerdings dadurch sein Mißtrauen.

5. *Aquarium mit 100 bis 200 Guppys:* interessan-ter Anblick, der ständig wechselt und doch immer gleich bleibt. Enthebt einen der Notwendigkeit, einem bestimmten Tier seine ausschließliche Zuwendung zu schenken. Ist aber letztlich unbefriedigend, da jeder glaubt, der andere werde einen beim Heimkommen begrüßen, so daß letztlich alle gleichgültig bleiben und keiner lächelnd herschaut, wenn man zur Tür hereinkommt.

6. **Schäferhund:** voll unge-
stümer Zuneigung, die
sich aber von einer
Attacke nur schwer unter-
scheiden läßt und in ihrer
Wirkung oft einer solchen
vergleichbar ist. Wegren-
nen nützt nichts, da Schä-
ferhunde meist schneller
sind. Auch rasches Türzu-
schlagen bringt wenig,
weil: Irgendwann möchte
man ja mal in die Woh-
nung. Vorteil: hat auf viele
Besucher eine ähnliche
Wirkung wie die Vogel-
spinne.

7. **Dackel:** überzeugt durch
treuen Blick. Kann mit
Sepplhut und Pfeife

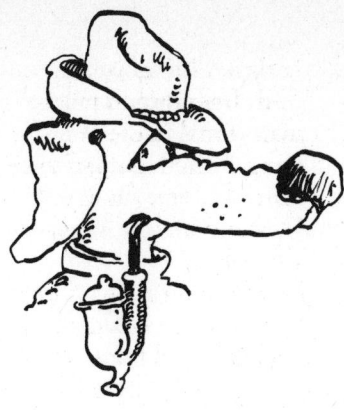

den Eindruck eines echten Kameraden hervorrufen. Macht Kleinheit oft durch Lautstärke wett. Verlangt – wie auch der Schäferhund –, daß man täglich mit ihm spazierengeht – auch „Gassi gehen" genannt – und längliche Holzstücke wirft. Eine unsinnige Beschäftigung, da er sie immer wieder herbringt.

8. *Ratte:* Haustier mit besonders modisch-aktuellem Anstrich. Fordert zu Spiel und Aktivität heraus, besonders wenn sie einem das Hosenbein hochklettert. Ideal also für Menschen mit starkem Bewegungsdrang, die aber dennoch lieber zu Hause sind, statt Gassi zu gehen.

9. *Weiße Mäuse:* Zierform der normalen, grauen Maus. Entspricht im Unterhaltungswert dem Hamster. Unangenehm dann, wenn man keine hat und doch welche sieht.

10. *Meerschwein:* eine Art Hamster in groß und damit als Lebensgefährte schon seriöser. Freut sich über Löwenzahn, Heu und ähnliche Mitbringsel. Überzeugter Vegetarier, so daß man sein Wurstbrot unbeaufsichtigt auf dem Tisch liegen lassen kann, wenn man sich ein weiteres Bier holt, was für viele einen entscheidenden Vorteil gegenüber Schäferhund und Dackel darstellt und beim Kauf vielleicht den Ausschlag gibt.

11. *Pferd:* auch „Kamerad Pferd" genannt, was einen deutlichen Hinweis gibt auf seine Verwendung als Freund und Ansprechpartner. Ist allerdings nicht in der Wohnung zu halten, so daß ein wichtiger Punkt – ständige Verfügbarkeit zum Sprechen, Streicheln und ggfs. Kommandieren – leider weg-

Wer sieht gern weiße Mäuse?

fällt. Wird ausgeglichen durch Größe, so daß hier das Befehlen natürlich mehr Spaß macht. Vor allem, weil Pferde gehorsamer sind als Hamster oder andere Kleinwesen, die sich meist so verhalten, als seien sie gar nicht gemeint.

12. *Asiatische Tanzmaus:* Kleintier, das sich wie aufgezogen im Kreis herumdreht, so daß einem beim Zuschauen schon nach kurzer Zeit ganz schwindlig wird. Zudem kann die Äußerung, man habe zu Hause eine asiatische Tanzmaus, mißverstanden werden – der Besucher ist dann meist sehr enttäuscht.

Soviel über die gebräuchlichsten Haustiere. Wobei einzelne auch für ganze Gattungen stehen. Vogelspinnen z. B. auch für Schlangen und Skorpione, Papageien auch für Sittiche, Kanaris und andere Volierentiere.

Eine schöne Auswahl, möchte man denken. Dennoch deckt sie nicht das ganze Erwartungsspektrum ab. Zu vieles bleibt offen. Zum Beispiel:

Wer oder was springt mir auf den Schoß, schnurrt, schläft ein und ist beleidigt, wenn ich nach einer Stunde meinen eingeschlafenen Fuß um zwei Millimeter bewege?

Keine Frage: Niemand aus unserer Skala kommt dafür in Frage – von Vogelspinne bis Pferd kein Schwein.

Wir müssen uns also nach etwas anderem umsehen.

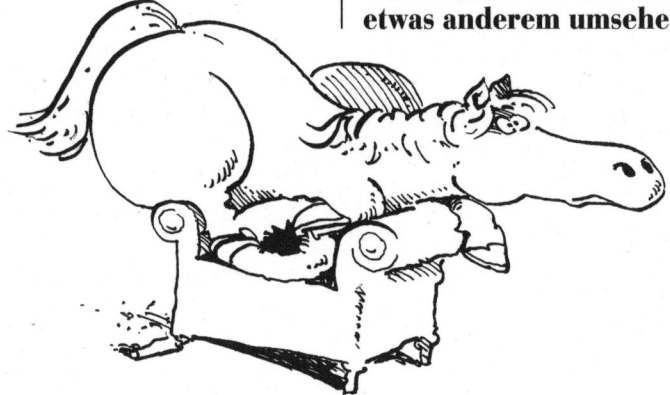

16

Das undeutsche Tier

Ich sehe Sie zweifelnd vor meiner Liste mit den zoologischen Hauptvorschlagsbänden stehen und sich unentschlossen am Bart kratzen. **Nichts ist dabei für Sie.**
– *Der Goldfisch ist Ihnen zu still, der Dackel zu laut.*
– *Der Schäferhund zu stürmisch, der Guppy zu indolent, besonders wenn er in Massen auftritt.*
– *Das Pferd ist zu groß, die Vogelspinne zu klein (ich meine: als Tier. Als Spinne ist sie natürlich groß genug.)*
– *Der Hamster erinnert zu sehr an eine Maus, eine Maus aber zuwenig an einen Hamster.*
– *Der Papagei ist zu gesprächig und verwickelt einen ständig in Diskussionen, aus denen man nur schwer wieder rausfindet.*
– *Das Meerschwein dagegen fiept nur, und das ist auf die Dauer für eine echte Auseinandersetzung zuwenig.*

Wo ist also das Tier, das einem auf den Schoß springt – gerade als man aufstehen wollte, um sich noch was aus dem Kühlschrank zu holen –, sich nun umständlich zusammenrollt, bequem niederläßt und uns mit einem Blick aus grünen Augenschlitzen zu verstehen gibt: Wehe, du stehst jetzt auf! **Mit anderen Worten: Wo sind die Katzen?** Zunächst: Katzen sind enorm im Kommen und haben den Hund – jahrhundertelang der Deutschen Lieblingstier Nr. 1 – inzwischen auf den zweiten Platz verwiesen.

Fiepen ist auch keine Ansprache

17

Das ist erstaunlich, denn eigentlich kommen Art und Weise des Hundes dem deutschen Menschen weit mehr entgegen als die der Katze. Denn der Deutsche ist entweder übertrieben aggressiv oder schafsmild.

Er gehorcht aufs Kommando, oder er trampelt über den Rasen.

Er tritt am liebsten in Rudeln auf, ist laut und schnauzt gern Leute an.

Umgekehrt liebt er es aber auch, sich anzubiedern, kommt schweifwedelnd daher, will gestreichelt werden und bittet um Verzeihung, wenn er mal wieder den Briefträger gebissen hat.

Wie alle rohen Seelen neigt er zu Sentimentalität, und wenn er in treue Augen blickt, bricht er in Tränen aus.

Er ist gehorsam bis in den Tod, ohne sich zu vergewissern, wem er da gehorsam ist. Hinterher war er's dann nicht gewesen.

Er kann nicht kontemplativ in der Sonne liegen (außer um braun zu werden) und in den Tag hineinblinzeln, sondern muß immerzu „raus", zum Skifahren oder um das Bruttosozialprodukt zu steigern.

Er ist im Grunde kulturlos und ohne Dezenz. Er ist – im Guten wie im Bösen – aufdringlich und neigt grundsätzlich zu Übertreibungen.

Nichts geht ohne ihn, und was er für richtig erkannt hat, ist – verdammtnochmal! – auch für alle anderen richtig.

Er ist mitunter rührend, meist aber geht er einem auf den Geist.

Alles in allem: So jemand muß Hundefreund sein, er hat gar keine andere Chance.

Was aber will so jemand mit Katzen?

Katzen nämlich
– sind das, was man aristokratisch nennt,
– haben elegante Bewegungen,
– sind das Gegenteil von tölpelhaft,
– sind leise,
– sind sich selbst genug,
– sind dankbar, aber ohne einen ständig abzulecken,
– machen sich nichts aus Angeberei,
– kommandieren nicht und lassen sich nicht kommandieren,

18

– atmen Stil und Kultur,
– sind schön und deshalb
immer ein erfreulicher
Anblick.

Was also, bitte sehr, hat der deutsche Mensch mit so einem Tier zu schaffen? Und umgekehrt.

(Damit wir uns recht verstehen: Dies ist einerseits reine Polemik, andererseits reine Werbung. Zur Polemik stehe ich, die Werbung dagegen sollte man unterschlagen: Wenn z. B. mein Kater diese Zeilen liest, dreht er durch und ist nicht mehr zu bremsen. Deshalb: Wenn Sie Katzen haben – Vorsicht mit diesem Kapitel, es verdirbt nur den Charakter!)

Das vielleicht charakteristischste bei Katzen aber ist: Sie sind nicht festgelegt. Sondern

– *sie sind distanziert,*
aber auch zugänglich,
– *sie sind leicht beleidigt,*
aber auch schnell
wieder versöhnt,
– *sie sind mal nachgiebig*
und dann auch wieder
abweisend,
– *sie sind ebenso*
verschmust wie kratz-
bürstig,

– *sie lassen sich einiges*
gefallen, und markieren
wenig später schon den
stolzen Spanier,
– *sie freuen sich heute,*
wenn sie einen sehen,
und morgen kennen sie
einen nicht.

Mit anderen Worten: **Sie tun, was ihnen gerade gefällt** – ihr Charakter ist frei von jeglichen Prinzipien. Undeutscher geht's nicht. **Gibt es ein größeres Kompliment?**

Katzenfreund als Tigerman

Vielleicht liegt darin die Faszination, die die Katzen auf uns ausüben: Sie sind so undeutsch, und da wir Deutsche nichts schöner finden als das, was möglichst nicht deutsch ist – deshalb lieben wir (vielleicht) die Katzen.
„In der Kunst liegt die Tiefe in der Oberfläche", sagt Oscar Wilde.
Das gilt auch für Katzen. Denn was sie so beliebt macht, ist zunächst ihre attraktive Erscheinung. Hunde mögen z.T. auffälliger aussehen (manche tun das sogar in besonderem Maße, man denke nur an Bulldogge, Pekinese, getrimmten Pudel oder Basset) – *Katzen dagegen sehen ganz einfach gut aus.*
Schönheit aber hat den Vorteil, daß man sie nicht erklären, nicht argumentieren

und auch nicht beweisen muß – Schönheit ist vielmehr eine glückhafte Gabe Gottes und ein Kapital, mit dem man eine Menge anfangen kann.

Das gilt ja auch für das Tier Mensch. Nur ist eben dieses Tier nicht grundsätzlich schön, sondern nur in Ausnahmefällen. Beispielsweise als italienischer Filmschauspieler.
Katzen indes sind grundsätzlich und von Natur aus schön. Und zwar eine wie die andere. Und wo sie das nicht sind, wo vielmehr diese Schönheit ins Gewollte umkippt (was der Schönheit stets abträglich ist), kann man fast immer davon ausgehen, daß der Mensch seine Finger im Spiel hatte. Als Züchter.
Denn der Mensch mag sich mit dem, was ihm die Natur

20

anbietet, nicht abfinden – wenn er nicht mitmischt, denkt er, kann die Sache nicht klappen.

Katzen sind ihm deshalb am allerliebsten, wenn
– er an ihnen genetisch herumlaborieren kann, bzw. wenn
– es junge Katzen sind.

Aus diesen macht er dann Kalenderbilder, und jeder sagt: „Nein, wie herzig!"

Und hingerissen von diesem Anblick geht er ins nächste Zoogeschäft, kauft sich ein solches Kalenderbild-Modell und verschenkt es zu Weihnachten.

Alles weitere kann man nachlesen: zur Urlaubszeit in der BILD-Zeitung.

Der wahre Katzenfreund liebt auch diese Geschöpfe, aber mehr noch bedauert er sie. Und nie käme er auf die Idee, sich so etwas anzuschaffen. (Genausowenig wie der echte Schachspieler mit orientalischen Jadefiguren spielt.) Er zieht bei Katzen das unverbildete und unverzüchtete Proletariat vor. Denn da sind Form und Inhalt noch einander kongruent: Das Zimmerraubtier sieht so aus und darf auch so sein. So machen Katzen im Haus nicht nur Vergnügen, sondern (und das ist Teil dieses Vergnügens): *Sie werten den Katzenhalter auch nach außen hin auf.*

Katzen aller Länder vereinigt euch!

Er gilt
- als attraktiver Einzelgänger,
  allem Rudelhaften abge-
  neigt, und kritisch gegenüber Massengeschmack und
  Massenmeinung,
- als Mensch mit stark
  entwickelter Ästhetik und
  hoher Kultur,
- vielleicht sogar als Mensch
  mit künstlerischen Eigenschaften (die Kombination:
  Individualismus und Schön-
  heitssinn läßt dies
  vermuten!),
- evtl. sogar auch noch als
  Typ, in dem ein mehr oder
  weniger großes Stück
  Raubtier schlum-
  mert, das tigerhaft
  zum Vorschein
  kommt, wenn man
  es nur heraus-
  zulocken versteht,
- auf jeden Fall
  aber als eine
  Art Sensibilis-
  simus (im
  Gegensatz zum
  polternden Her-
  renmenschen mit
  Schäferhund),
  der Atmo-
  sphärisches
  wie mit
  unsichtba-

ren Schnurrbarthaaren erwit-
tert und darauf sofort
zu reagieren versteht.
- nicht zuletzt als Mensch
  (Mann!), der Zärtlichkeit
  mit Leidenschaft zu verbinden weiß, also Samtpfötiges
  mit Wildheit – und das ist
  eine Unterstellung, auf der
  sich aufbauen läßt.

– beispielsweise: Man darf keine Angst haben, denn „das merkt er sofort und dann beißt er natürlich zu, das ist klar"!)

Einen ganz besonderen Vorteil aber hat das edle Aussehen der Katzen noch zusätzlich: **Man kann sich fotografieren lassen, wenn man eine auf dem Arm hält, und es ist dann auf jeden Fall etwas Schönes auf dem Bild.**

Auf jeden Fall aber
– mögen ihn die Briefträger, und er muß auch
– keinem Besucher umfänglich versichern, daß „Rex niemandem etwas tut, er will nur spielen – ehrlich, er hat noch nie jemanden gebissen, außer damals den Kellner, aber der war auch selbst dran schuld, denn der hat…"
(Folgt eine entwaffnende tierpsychologische Erklärung, die zutiefst beängstigend ist, weil sie für die nächsten Sekunden das Schlimmste vermuten läßt

Erste Kontakte in stillen Straßen

Zum Katzenfreund wird man geboren – man kann es sich weder einreden, noch kann man es sich vornehmen. Weil z.B. ein Perser so gut zur Wohnungseinrichtung paßt. Oder weil man gern all die attraktiven Eigenschaften haben möchte, die man Katzen-„Besitzern" nachsagt. Nein: Freundschaft – oder sagen wir: *Affinität – zu Katzen bringt man als Wesensbestandteil mit zur Welt.* Viele Jahre lang merkt man es gar nicht, und vielleicht merkt man es sogar nie. Aber irgendein inneres Licht geht an, wenn man einen dieser Kleintiger sieht.

Wie Frauen beim Anblick von Babys von dem Bedürfnis erfaßt werden, das Wickelkind hochzunehmen, an sich zu drücken und verzückt „du, du, du!" zu stammeln, so bewirkt das angeborene Katzenmodul in der Seele des Katzenfreundes, daß er beim Anblick eines Katzentieres spontan das Gefühl hat, hier einem Freund gegenüberzustehen.

Was macht man in einem solchen Fall?

Geschieht die Begegnung in einer stillen Seitenstraße (auf belebten Verkehrswegen möchten wir Katzen nicht sehen!),

– so bleibe man stehen, wende sich dem Tier zu und gebrauche Worte, wie sie einem gerade einfallen. Es sollten allerdings Worte sein, die zivilisierten Erwachsenen angemessen sind und einen auch in den Augen des Tiers nicht zum Deppen stempeln. Worte, wie man sie auch einem erwachsenen Menschen gegenüber benutzen würde. Allerdings darf man „du"

Ein Freund, ein guter Freund...!

25

sagen – fremde Katzen stehen einem nun mal näher als fremde Menschen. **Schließlich ist man Katzen- und nicht Menschenfreund.**

– Keineswegs gehe man spontan auf die Katze zu. Da sie zutiefst mißtrauisch ist, sowohl was Menschen als auch was Hunde betrifft, würde sie weglaufen. Schlimmstenfalls über die Straße, und das gilt es zu vermeiden.

– Man gebe ihr also zu verstehen, daß man keine bösen Absichten hat und ihr nicht gegen ihren Willen zu nahe kommen wird, man sich aber freuen würde, wenn sie etwas näher käme, so daß man ihr ein wenig übers Fell streicheln und sie auch mal am Kinn kraulen könne.

– Dazu geht man in die Hocke, damit man nahezu auf gleicher Höhe ist, spricht vernünftig weiter

und kneift auch mal zwischendurch die Augen zu. Starrer Augenkontakt nämlich ist Katzen unangenehm (auch Katzen untereinander tun dies nicht), sie fühlen sich fixiert bis bedroht, und diesen Eindruck möchte man ja vermeiden.

Erkennt sie den Freund in einem, so bleiben zwei Möglichkeiten:

1. Sie bleibt dennoch auf Distanz oder schlägt sich sogar in die Büsche, dann wird sie dies aber nicht tun, ohne einem durch den Gesichtsausdruck zu verstehen zu geben, daß sie dies nicht aus böser Absicht tut. „Ich will gern gestehen, daß du's gut meinst", sagt sie, „aber – ich schaff's einfach nicht, mein Mißtrauen euch Zweibeinern gegenüber abzubauen. Bitte hab Verständnis dafür."
2. Sie kommt mit erhobenem Schwanz heran und reibt sich an der Hand.

Nun darf man sie hochheben. Man tue dies sanft, aber bestimmt. Weder hektisch (jetzt hab' ich dich!) noch zögerlich (ob sie vielleicht kratzt und beißt?). Mit beidem würde man sie irritieren und Panik auslösen. Fazit: Sie kratzt und beißt, bzw. sie kratzt nur – das reicht aber schon.

Hat man sie hochgehoben, darf man

– ein bißchen übers Fell streicheln,
– am Hals kraulen,
– das Gesicht ans Fell drücken.
– mit der eigenen Nase leicht an ihre Nase stubsen.

Bitte nicht übertreiben! Sobald sie sich anspannt und runter möchte, halte man sie nicht länger. Ja, auch wenn sie sich nicht verspannt, setze man sie wieder ab. Sie spürt dann: Aha, der will wirklich nichts von mir, der meint, was er sagt!

Hat man sie wieder heruntergesetzt, so verabschiedet man sich von ihr, schärft ihr mit erhobenem Zeigefinger ein, daß sie das aber ja nicht zur Gewohnheit machen solle. („Tu das bloß nicht bei anderen, verstehst du? Da sind zum Teil üble Typen drunter –

27

die verstellen sich, tun schön, und wenn sie dich haben, stecken sie dich in einen Sack und verkaufen dich an ein Versuchslabor. Also, hast du gehört: Sei vorsichtig, ja?! Und paß auf die Autos auf!")
Sie wird dann noch einen Moment stehenbleiben, Ihnen nachsehen (Sie dürfen winken) und sich dann nach Hause trollen.
Manchmal passiert es allerdings auch, daß sie Ihnen nachläuft. Das ist schön und mißlich zugleich. Schön, weil überwältigender Ausdruck neuer Freundschaft, mißlich, weil: Was soll man tun?
Ist sie ein einsamer Streuner, dann könnte man sie mitnehmen. Einsame Streuner aber sind nicht so zutraulich. Sie hat also ein festes Zuhause. In diesem Fall muß man leider auf sie zugehen, ein paarmal in die Hände klatschen und sagen: „Nun mußt du aber sehen, daß du heimkommst – aber ich versprech' dir, daß ich morgen wieder vorbeikomme!"
Das Klatschen und Auf-sie-Zugehen wird bewirken, daß sie instinktiv wegläuft, die Art, wie Sie's tun, sowie die

begleitenden Worte zeigen ihr, daß es zu ihrem Besten ist. Und wenn Sie morgen nicht vorbeikommen – Sie haben ja keine feste Uhrzeit genannt. Soll sie Ihnen mal nachweisen, daß Sie nicht da waren!

Soviel zur Begegnung draußen. Drinnen, also in ihrem Familienkreis, ist der Kontakt mitunter etwas einfacher. Viele Familienkatzen sagen sich, daß Besucher nicht gefährlich werden, sonst wären sie als Besucher nicht zugelassen. Also legen sie sich neben einen aufs Sofa oder auf die breite Sessellehne, so daß man sie dezent streicheln kann.
Man sollte dies wie nebenbei tun, so, als sei man sich dessen gar nicht besonders bewußt – man spricht mit den Gastgebern und krault die Katze zerstreut. Denn allzu deutliche Zuwendung kann abstoßend wirken.
Allerdings: Manche Familienkatze ist Besuchern gegenüber sehr zurückhaltend. Sie flüchtet in eine sichere Ecke und schaut den Neuling angstvoll an.

28

Hier nicht nachfassen – ein paar freundliche Worte genügen. Danach nimmt man sie bewußt nicht mehr zur Kenntnis. Das kann zur Folge haben, daß sie sich nach einiger Zeit von selbst nähert und Ihnen sogar auf den Schoß springt.

Dann wird man Sie erstaunt ansehen und sagen: „Nein, das macht er/sie normalerweise nie – einfach zu einem Fremden gehen." (Hier kann man bei manchen Katzenbesitzern sogar einen leichten Unterton von Eifersucht heraushören.) „Sie/Du müssen/mußt etwas Besonderes sein."

Man lächele dann versonnen und antworte: „Nun ja, vielleicht habe ich exakt den Charakter, den Katzen instinktiv spüren."

Was man damit meint, lasse man im dunkeln. Es genügt wenn die Hausfrau über ihrer Suppe hochguckt und einem nachdenklich in die Augen schaut.

In diesem Fall darf man zurückschauen – offen, ohne zu blinzeln oder zuzukneifen!

KaterIn in Schwarzweißrot?

Für Entscheidungsschwache haben Katzen schon mal einen großen Vorteil: Es gibt nicht so viele Sorten wie bei Hunden. Und schon gar nicht in dieser uferlosen Unterschiedlichkeit, was Aussehen und Größe angeht. Distanzen wie zwischen einem Rehpinscher und einem Bernhardiner kennt man hier nicht – falls man nicht einen Tiger miteinbezieht.
Nein, alle Katzen sehen nahezu gleich aus (vom anatomischen Prinzip her – im Detail können natürlich Welten zwischen Miez und Mauz liegen), *und alle gibt es auch in der gleichen praktischen Haushaltsgröße.*
Wer also Tisch, Bett, Sofa und Fernsehsessel mit einer Katze teilen möchte, muß nicht lange nachdenken, für welche er sich entscheiden soll.
Die wichtigsten Farben und Farbkombinationen sind:

– Weiß,
– Schwarz,
– Grau (dunkel sowie hell),
– Rot,
– Braun,
– Schwarz-Weiß,
– Grau-Weiß,
– Rot-Weiß,
– Braun-Weiß,
– Grau-Braun-Weiß,
– usw.
– Auch Schwarz-Weiß-Rot wurde schon gesehen (aber das ist so gut wie niemals Absicht!).

Diese Palette betrifft natürlich in erster Linie die „gemeine, winterfeste Hauskatze", offiziell auch Deutsches Kurzhaar genannt. Diese schleppt Farbchromosomen aus vielen Generationen mit sich herum – viele singende Kater und zugängliche Katzen sind in ihr vermischt, so daß bei jedem Wurf eine wahrhaft bunte Mischung zustande kommt.

Gemein und winterfest

31

Man wähle also nach *Geschmack*. Vor allem aber wähle man aufgrund erkennbaren *Temperaments*. Und das wiederum unterm Aspekt der späteren Auslauf-Möglichkeiten: Munter Herumspringende sind in einem Haus mit Garten besser aufgehoben, schüchterne passen besser in die Etagenwohnung.

Jetzt aber: Wen? – *Kater oder Katze,* auch Kätzin genannt, weil Katze ja eigent-

lich der Oberbegriff ist. **Kätzin aber klingt ebenso albern wie Industriekauffrau** – ich schlage deshalb, für beides verwendbar, als Gattungsbegriff vor: **KaterInnen.**

Denn das Geschlecht ist nicht Wurscht, auch wenn beide absolut gleich aussehen, und auch die Dünnen und die Dicken sind – wie beim Menschen – gleichmäßig über männlich und weiblich verteilt.

Der Unterschied liegt etwas tiefer:

Katzen resp. Kätzinnen sind
– gern etwas neurotisch
– offen für Launen und Irrationalitäten
– schneller beleidigt
– zickiger
– wechselnder in ihren Reaktionen.

Der Ausdruck: „falsch wie eine Katze" betrifft im wesentlichen die weibliche Ausgabe, weil sie eben noch harmlos schnurrt, wenn man sie streichelt, in der nächsten Sekunde aber fauchend zubeißt oder kratzt, weil ihr plötzlich die ganze Streichelei zuviel ist.

(Vor Inkrafttreten des angewandten Feminismus durfte man hier anfügen: Wie bei den Frauen! Denn der Vergleich Frau-Katze war lange Jahre nicht nur erlaubt, sondern geradezu üblich und auch von Frauen nicht ungern gehört, denn natürlich ist es ein Kompliment. Und kapriziöses Verhalten [das all die oben genannten Eigenschaften miteinschließt] galt als das Rätselvolle, Unberechenbare und Sphinxhafte an den Frauen – im Gegensatz zu den logischen, geradlinigen und täppichen Männern. Nun aber ist der Vergleich Frau-Katze nicht mehr statthaft, und deshalb ziehen wir ihn hier auch nicht.)

Nicht verboten hingegen ist es, Kater mit Männern zu vergleichen. Im Gegensatz zu Katzen nämlich sind Kater (kastrierte zumal)
– leichter zu behandeln,
– weniger schnell gekränkt,
– gemütlicher,
– gutmütiger,
– nachsichtiger,
– sanfter,
– harmloser und auch
– nicht so bissig und kratzfreudig.

Vielmehr dauert es eine ganze Weile, bis sie sich wehren.

Dann aber künden sie dies vorher an: durch deutliches Knurren und Flachlegen der Ohren. Wenn sie allerdings zuschlagen mußten, erheben sie sich und verlassen den Raum – weniger gekränkt als genervt.

Katzen (Kätzinnen) sind hier anders: **Manche wollen geradezu geärgert werden.** Fauchend springen sie vom Sessel, schnappen rasend vor Wut nach der Hand, die sie belästigt hat (meist durch Berühren einer empfindlichen Stelle am verlängerten Rücken), bleiben dann aber stehen, damit man sie erneut aufregen kann. Tut man nichts dergleichen, springen sie einem fauchend auf den Schoß, dadurch signalisierend, daß man bitte mit dem Ärgern fortfahren möge, weil wütend sein so schön ist.

Schön wütend sein ist schön

Kater, wie gesagt, sind für dieses Spiel nicht zu haben. Man käme auch gar nicht auf die Idee, sie damit zu belästigen. Zu sehr fühlt man sich ihnen verwandt, zu ähnlich sind sie einem. Freunde sind sie, Kätzinnen dagegen sind Katzen, und also

etwas Fremdes – wie Frauen (aber das wollten wir ja nicht sagen, bitte streichen!)

Soviel zum Deutschen Kurzhaar – was aber ist mit den anderen, dem exotischen Langhaar? Geschmackssache. Die einen sind zu mager und zu spitzgesichtig, um dem Katzenbild zu entsprechen (da kann man sich auch gleich einen nackten Dackel kaufen), die anderen sind zu breitgesichtig und zu dick, jedenfalls aber zu haarig. Es sind dies die Sorten – oft in chemisch reinen Farben –, die den Geschmacksunsicheren zu hektischen Ausrufen veranlassen, wie: „Mein Gott, was für ein prachtvolles Tier! Dieses Gesicht – typisch Katze!" Von wegen. Vor allem der angelernte Katzenfreund fällt auf sie herein. Für ihn ist die Katze grundsätzlich etwas Edles – wie edel muß da erst eine edle Katze sein! Edle Katzen aber sind wie edle Seelen – nicht sehr aufregend. Vor allem, weil bei Züchtungen jede Menge Katziges auf der Strecke bleibt.

34

Heraus kommen wandelnde Pudelhocker mit Pekinesengesichtern (als seien sie im weichen Zustand gegen eine Wand gestoßen), die grimmig aussehen, aber lediglich eine harmlose, lebensuntüchtige Seele maskieren.

Außerdem haben sie genug damit zu tun, sich nicht aufs Fell zu treten, das man regelmäßig pflegen muß. Aber da hätte man dann natürlich auch gleich Friseur werden können.

Nein, wir wollen nicht abfällig über sie reden. Schließlich sind auch sie Geschöpfe, wenn auch nicht unbedingt Geschöpfe Gottes. Und sie wollen ja auch leben. Zumindest der Züchter will es.

Von neuen, alten und jungen Katzen

Viele Katzenbesitzer bzw. Katzenfreunde werden dies durch Zufall: Hat man ein Haus mit Garten und Terrasse sowie mit einer halbwegs belebten Umgebung, in der ab und zu Katzen gesichtet werden, so kann es sein, daß eines schönen Tages etwas Getigertes oder Schwarzweißes vor der Tür sitzt und erwartungsvoll ins Zimmer schaut.

Dies passiert allerdings vor allem dann, wenn sich in diesem Zimmer bereits eine oder mehrere Katzen befinden, so daß der Fremdling davon ausgeht, hier habe man ein Herz für Katzen und vielleicht auch noch einen abgestandenen Rest in der Futterdose.

Denn immer wieder muß man feststellen, daß Katzenfreunde, mit deren Freundschaft es aber nicht allzu weit her ist, die Wohnung wechseln und den Freund einfach zurücklassen. Mag er sehen, wo er bleibt, es wird ihm schon was einfallen. Solche Verlassenen klappern nun die Häuser ab, werden meist weggejagt, bis sie eines Tages Glück haben: Ein Katzenfreund öffnet die Tür und bittet herein.

Dieser Aufforderung aber wird beim erstenmal meist noch nicht Folge geleistet. Vielmehr entsteht der Kontakt wie bereits beschrieben: vorsichtiges Ansprechen, gegebenenfalls Hochheben sowie ein Angebot, bestehend aus etwas Milch (leicht mit Wasser verdünnt) und ein wenig Fleischigem bzw. Wurstigem – je nachdem, was der Kühlschrank gerade hergibt.

Ein Verlassener klopft an

37

Man serviere draußen, lasse den Gast in Frieden und betrachte ihn aus einigen Metern Entfernung, um ihn nicht zu verjagen. Denn natürlich traut er keinem, obwohl er wahnsinnig gern trauen können möchte.

Durchreisender oder Dauergast?

Dies kann eine Einmaligkeit sein – der Gast ist gar kein Ausgestoßener, sondern in festen Händen und hat nur mal die Gegend etwas durchgecheckt –, es kann sich aber am nächsten und übernächsten Tag wiederholen, und nach einer Woche schon sieht der Gast keinen Grund mehr, immer nur Gast zu sein: Er bleibt.

– Für diesen Fall sucht er sich eine Ecke, zum Beispiel eine auf dem Sofa, leckt sich ausgiebig, ringelt sich ein und schläft. Dies sollte man tolerieren, um ihm das Gefühl zu geben, daß er hier keine Angst haben muß vor groben Überraschungen.

– Nach kurzer Zeit schon gehört er fest zur Familie, und wenn er mal ein paar Tage wegbleibt, kommt der frischgeborene Katzenfreund vor Sorge fast um. Aber diese ist meist unbegründet: Der Neue weiß jetzt, wo er zu Hause ist, so daß die Ausflüge nur noch mehr Spaß machen.

Diese Art, zu einem Katzenfreund zu werden bzw. zu kommen, ist natürlich selten und vom Zufall abhängig. Meist muß man selbst die Initiative ergreifen.
Möglichkeiten:
– Man fragt Bekannte.
– Man schaut in der Zeitung nach (wo immerzu Getier – auch Katzen – mit herzbewegenden Worten nach einem neuen Zuhause sucht).
– Man gibt selbst eine Anzeige auf (und kann sich dann vor Anrufen nicht retten).
– Man geht in eine Tierhandlung.
– Man geht ins Tierheim.

Jeder Weg ist richtig. Denn was immer man tut – immer tut man ein gutes Werk. Wer weiß, was mit dem Kätzchen geworden wäre, hätte man es nicht selbst adoptiert! Es gibt zwar auch noch andere Katzenfreunde, aber nicht jeder, der sich dafür hält, ist wirklich einer.
Merke: Der einzige, dem man trauen kann, ist man selbst.

38

Jetzt aber die Frage: Katze oder Kätzchen? Also ausgewachsen oder als Kind?

Normalerweise wird man sich spontan für letzteres entscheiden. Einmal weil: „wie süß!", zum anderen, weil man dann auch lange etwas davon hat. Indes: Auch ältere Katzen sind empfehlenswert. Vor allem, wenn man sie aus dem Tierheim holt. Ausgesetzte, an Menschen gewöhnte Katzen empfinden ihr Tierheim-dasein als besonders bedrük-kend. Denn alle Katzen – sogar die ganz eigensinnigen Einzelgänger – sehen im Menschen grundsätzlich

einen Freund, den sie um sich haben möchten.
(Wüßten sie, was der Mensch so alles mit ihnen und ihren Tierkollegen anstellt, so würden sie sicher ihre Meinung noch mal überprüfen. Denn den Menschen zum Freund zu haben bedeutet bekanntlich, daß man keine Feinde mehr braucht.)

Also noch mal: Ältere Katzen, im Asyl eingesperrt,
– verdienen es ganz besonders, daß man ihnen wieder ein Zuhause gibt
– sind bereits vernünftig und „stubenrein"
– sind besonders dankbar dafür, daß man sie nimmt
– leben meist nicht länger als man selbst.
(Was soll der in die Jahre gekommene Katzenfreund mit einem Kätzchen, das noch 15 bis 20 Jahre vor sich hat und ihn – rein statistisch gesehen – sogar noch überleben wird!)

Und auch hier sind die Kater von ganz besonderer Seriosität – älteren, launenlosen Herren vergleichbar, sind sie mit einem Platz am Sofa oder auf der Fensterbank zufrieden, hören zu, wenn man mit ihnen spricht, erinnern an einen friedlichen Kumpel und gehen kaum noch große Wege. (Aber das alles gilt natürlich auch für ältere weibliche Katzen – nur daß bei ihnen eben das weibliche Element hinzukommt: störend oder vorteilhaft.)

Eine besondere Spezies sind ganz junge Katzen, die ausgesetzt wurden, ehe sie sich – körperlich und geistig – von der Mutter richtig abnabeln konnten. Es sind die reinen Findelkinder – noch blauäugig und natürlich unfähig, selbst feinstes Katzendosen-Futter zu essen. Sie werden mit Haferbrei aus der Pipette aufgepäppelt, und man kann sie sich in einem kleinen, Brustbeutel-ähnlichen Behältnis umhängen. Da sie nie gelernt haben, wie man ordentlich aufs Klo geht, wie man Mäuse fängt, wann mit Spielen Schluß sein muß, und wann man auf die Nerven geht – was alles ihnen die Katzenmutter beibringt –, werden sie immer Identitäts-

probleme haben. **Denn auch im erwachsenen Zustand wissen sie nicht, wer oder was sie sind.**

1. Da sie womöglich nie bewußt eine Katze gesehen haben und im Spiegel keine Vergleiche ziehen können, wissen sie nicht, daß sie eine Katze sind.

2. Menschen aber können sie auch nicht sein, da hier doch ein beachtlicher Größenunterschied besteht.

41

3. Also versuchen sie, den Menschenfreund nachzumachen, was ihnen aber nicht zur Zufriedenheit gelingen kann, so daß sie zur Übellaunigkeit neigen. Immerhin gehen sie schon mal aufs Menschenklo, schnuppern mißtrauisch am Katzenfutter, sind schnell ungehalten, wenn man ihnen den Bauch krault – kurz: Wanderer zwischen zwei Welten.

Als letztes: die gezüchtete Edelausgabe. Diese bekommt man ggfs. in der Tierhandlung oder bei einem Züchter. Über ihre Unterschiede zur normalen Katze haben wir schon gesprochen. Aber im Unterschied zu dieser kostet sie Geld, und das nicht zu knapp. Der Preis geht gegen tausend, wird von der Hausfrau dann ihren Besuchern flüsternd mitgeteilt, und diese tragen es dann weiter: „Sabines Prachtperser, wißt ihr auch, was der gekostet hat …? Na ja, die können sich's halt erlauben, und was Billigeres wäre für die sowieso nicht in Frage gekommen. Unser Stani dürfte bei denen vermutlich noch nicht mal mit Hausschuhen rein – als ganz gewöhnlicher Straßenkater…"

Wer möchte, daß man so über ihn spricht: bitte. Und natürlich auch, wer auf Ausstellungen gern Preise einheimst. Mehr läßt sich dazu nicht sagen. Denn dieses Buch ist für Katzenfreunde, und diese Ausstellungsbesucher sind ebensowenig Katzenfreunde wie die Preisträger selbst Katzen sind.
Sagen wir so: Beides ist eine Spezies für sich.

Vom passiven zum aktiven Katzenfreund

War der Katzenfreund bislang nur passiver Katzenfreund, also ohne Katze, so ist der Neuzugelaufene und sich adoptiert Habende in jedem Fall eine Bereicherung von Wohnung und Leben. Plötzlich hat man jemand, den man streicheln kann, ohne daß er einen mit den Worten „Und gestern hast du noch so ein Theater wegen dem Ausverkaufsmantel gemacht!" zur Rede stellt.

Auch leitet er aus dem Streicheln heute keine Konsequenzen für die Zukunft ab. Kurz: Man vergibt sich nichts und bringt mit solchen Spontanzärtlichkeiten auch nicht das fein ausgepegelte partnerschaftliche Zusammenleben durcheinander.

Was man für den neuen Hausfreund bereitstellen soll, steht in jedem einschlägigen Buch, und außerdem kann man sich's selbst denken. Nämlich:
– einen Schlafkorb,
– einen Futternapf,
– Katzenfutter (in Dosen und trocken),
– ein Wassergefäß, immer frisch nachgefüllt,
– ein Katzenklo.
Dies ist zweifellos richtig und sollte getan werden.
Allerdings ist es nicht mehr als ein Angebot.
– *So wird zwar der Korb gern angenommen, aber das bedeutet keine Garantie.* Sessel und kissenreiche Sofas, im Winter auch Heizkörper hinter ihren Verschalungen sowie Fensterbänke mit gutem Ausblick – so daß man erst noch mal ein wenig herumschauen kann, ehe man sich niederlegt – werden oft dem Korb vorgezogen.

– Und was das Essen angeht – nun, da kommt's darauf an, was der Zugelaufene gewöhnt ist, **und nichts ist so schwer, wie die Gewohnheit in Katzenköpfen zu ändern.**

War man bislang an die Marke X gewöhnt (und hier vorwiegend an Kaninchen oder zartes Huhn), so ist es ziemlich schwierig, nunmehr die Marke Y zu präsentieren, vielleicht auch noch mit Thunfisch oder Rind. Hier muß es dann wirklich der Hunger reintreiben, und womöglich baut man damit eine neue Gewohnheit auf, die es dann aber auch zu berücksichtigen gilt.

– Zum Eßplatz: Auch hier muß man erst mal experimentieren. Es gibt Katzen,

die sich zwei Meter davon wegsetzen und einen anblicken, dazu halblaut mauzen und damit ausdrücken wollen, daß sie dort in der Ecke auf gar keinen Fall essen möchten. Hier soll der Teller, bitte schön, hingestellt werden. Manche Katzen nämlich leiden an Klaustrophobie. Keineswegs wollen sie sich in eine Ecke setzen – sie fühlen sich dann irgendwie gefangen und ausweglos, und das stört beim Essen.

– ***Und auch beim Getränk sind Katzen eigenartig.*** Natürlich muß es im Angebot enthalten sein – besonders bei Trockenfutter –, aber am liebsten trinken Katzen das, was sie selbst entdeckt haben. In der hintersten Ecke z. B. das, was dort zum Verdunsten steht, aus dem Gartenteich, so man einen hat, aus der Vogeltränke sowie aus restlichen Pfützen vom vergangenen Regenguß. Dieses Wasser ist meist erheblich weniger frisch und auch weniger sauber als das, das man ihnen pflichtbewußt selbst hinstellt, aber natürlich viel interessanter, da selbst gefunden!

Über die Hygiene muß man sich nicht den Kopf zerbrechen – Tiermägen sind anscheinend unzerreißbar, und was wir Menschen mitunter zu uns nehmen, darauf wird uns wahrscheinlich nur deshalb nicht schlecht, weil wir die Details nicht wissen.

– ***Wichtig beim Katzenklo:*** Es muß immer sauber sein. (Dafür wird man schon im eigenen Interesse sorgen!) Allerdings gibt es Katzen, die, soweit es nur geht, ihre Verdauung draußen erledigen (dazu brauchen sie natürlich freien Auslauf, Garten, Waldrand usw.). Das ist natürlich angenehm. Weniger angenehm ist es aber, wenn sie ihre Verdauung in Nachbars Garten erledigen und dazu seine betorften Beete aufwühlen. In diesem Fall: „Nein, das war nicht unsere. Die macht das nicht. Aber da ist ein Fremder seit einiger Zeit in der Nähe, der fast genauso aussieht. Der war das!"

„Damit haben wir nichts zu tun!"

Wenn nämlich Nachbarn zornig werden und vor

Gericht gehen, muß man mit dem Schlimmsten rechnen. Denn Amtsrichter sind ja der Meinung, daß man Katzen nur zu sagen braucht: „Also in Müllers Garten nicht gehen, klar?", und daß diese dann antworten: „In Ordnung, Chef, geh' ich in Zukunft zu Meiers!"

Ganz abgesehen davon, daß sie's nicht tun würden, auch wenn sie's verstünden. Sondern: jetzt erst recht!

– Die meisten Katzen aber gehen gern aufs Katzenklo, und viele kommen dazu extra aus dem Garten herein in die Wohnung, erledigen ihr Bedürfnis und gehen erleichtert und pfeifend wieder raus in die Natur. Daß dies dem Menschen stinkt, und zwar in doppelter Hinsicht, stört den Täter wenig. (Mit dem Aroma von Katzenurin z. B. kann man Tiefdruckzylinder ätzen.) Es empfiehlt sich aber nicht, die Katze vorher schnell rauszunehmen und in den Garten zu setzen, mit den Worten: „Im

Sommer erledigst du das gefälligst vor der Tür", denn es könnte dadurch der Eindruck entstehen, das Klo sei gar keines. In diesem Fall muß man sich ja für die Zukunft eine andere Wohnungsecke heraussuchen. Vielleicht ganz hinten unterm Sofa, wo man so schön allein und ungestört ist?

Es genügt vollauf, daß Ungeschickte ohnehin Schwierigkeiten genug haben – erst scharren sie sämtliche Katzenklosteinchen heraus, so daß die Umgebung aussieht, als habe es frisch geschneit, dann machen sie exakt auf den Rand. Das sind dann Augenblicke, in denen es die Katzenfreundschaft nicht leicht hat.

Allerdings: Es ist nur einer von mehreren. *Es ist nämlich mitunter gar nicht so einfach, Katzenfreund zu sein.* Näheres darüber später.

Vom Mittagstisch als Katzentisch

Gassigehen unnötig

Was Katzen so angenehm macht, ist die Tatsache, daß man sie unter normalen Umständen kaum bemerkt. Sie sind weder laut noch zudringlich, noch muß man sie ausführen.

Vielmehr kommen sie rein, gehen mal probeweise an ihren Freßtopf, um nachzusehen, ob da zwischenzeitlich was reingetan wurde, und legen sich dann irgendwohin, um einzuschlafen.

Werden sie nach Stunden wieder wach, so vollzieht sich das Ganze in umgekehrter Reihenfolge: Sie informieren sich am Katzenteller über den aktuellen Stand und gehen dann hinaus.

Sollten sie von einem plötzlichen Bedürfnis nach Zuwendung heimgesucht werden, so streichen sie einem um die Beine, springen dem Sitzenden auf den Schoß oder auch auf den Schreibtisch, wo sie einem den Kopf an das Gesicht stubsen, und geben damit zu verstehen, daß man sich jetzt mal um sie kümmern möge!

Dies tut man natürlich von Herzen gern, froh darüber, so gemocht zu werden. Nun schnurren sie, wälzen und räkeln sich, aber wenn sie genug haben, wollen sie wieder herunter und sich davonmachen. Daran sollte man sie nicht hindern, andernfalls bereuen sie ihre Zuneigung. **Im übrigen bestimmen sie ihren Tagesablauf gern allein,** wobei sie den Menschen und seine Wohnung (die ja auch ihre Wohnung ist) nach Belieben mit einbeziehen.

Natürlich wird auch davor gewarnt. So soll man – auch wenn es kaum durchführbar ist – zusehen, daß Katzen

– nicht mit am Tisch sitzen und darauf warten, daß sie etwas bekommen, und
– nicht mit ins bzw. aufs Bett gehen, weil sich das nicht gehört.

Was den Tisch betrifft: Es gibt Katzen, die dies von sich aus nicht tun, weil sie erfreulicherweise nicht wissen, was ihnen da entgeht. Ihnen sollte man es deshalb auch gar nicht erst beibringen, es gibt nur Ärger. Jedenfalls dann, wenn Ehepartner darüber aneinandergeraten, weil der eine mehr formal orientiert ist, während der andere das Ganze toleranter sieht und von sich selbst ausgeht.

Andere Katzen, die das Attribut „Hauskatze" in besonderem Maße verdienen, sind da bestimmter. Sie neigen dazu, beim Essen auf die Sitzbank zu springen und darauf zu warten, daß sie etwas abbekommen, wobei sie dem essenden Katzenfreund die Bissen von der Gabel gucken. Hier sollte man eine kleine Schüssel bereitstellen und seinem Herzen einen Stoß geben. Man wird feststellen, daß Katzen auch Dinge essen, die man einem Raubtier gar nicht zutrauen würde, wie zum Beispiel:
– etwas Gemüse
– Kartoffel mit ein wenig Soße
– Butterbrotteile

– Käse (sonst ja eigentlich
  eher Mäusefutter)
– Torte und Schokolade
– Kuchen.
Dies darf man ab und an mal
in Kleinstdosen geben,
allerdings weisen Veterinäre
streng darauf hin, daß Katzen
bestimmte Vitamine und
Mineralien brauchen, die
angeblich in der menschlichen Nahrung nicht enthalten
sind, was irritieren kann. Es
liegt wohl daran, daß der
Mensch kein Fell hat und
somit auch keine Stoffe
braucht, die dieses Fell glatt
und glänzend halten.
All diese wertvollen und fell-
und lebensnotwendigen Ingre-
dienzen sind in dem Katzenfutter enthalten, das man in
Dosen und Kartons bekommt,
und dessen Zusammenstel-
lung laut Etikett einen dazu
verlocken könnte, selbst mal
einen Happen davon zu
nehmen.

Keinesfalls aber sollte man Katzen Scharfes oder scharf Gewürztes geben – vom Wurstbrot also bitte immer nur die Teile, die nicht mit Senf in Berührung gekommen sind.

Womit man sie aber immer aufs höchste erregen kann – und zwar so, daß sie sogar aus tiefem Schlaf erwachen – ist:
– Tatar
– Räucherfisch
– Sahne.

Hiermit kann man sich also bei ihnen ab und zu mal als großer, liebevoller Freund darstellen.

Katzen sind Tiere besonderer Art, und da sie zudem hübsch, adrett und sauber sind, sollte man ihnen – so sie es wünschen – ruhig den Katzensitz am Tisch zugestehen und daraus keine Prinzipienfrage machen.

Das gilt auch fürs Bett. Katzen zu verbieten, zu ihrem Freund ins Bett zu kommen, neben ihm oder zumindest bei ihm zu liegen, zeugt letztlich von Lieblosigkeit – und ist auch undurchführbar. Wenn sie es wollen, dann tun sie es auf jeden Fall.

Oder sie tun es nicht – aber dann nur, weil sie es nicht wollen.

Und da selbst große Katzen immer noch erfreulich klein sind, nehmen sie einem auch nicht viel Platz weg. Sie können nur ganz schön schwer sein, wenn sie sich einem auf die Füße legen.

Problematisch kann es werden, wenn Katzen im Einzelfall ihre ohnehin recht ausgeprägte Egozentrik übertreiben. Was sich darin äußert, daß sie beim Aufwachen darauf bestehen, daß der Katzenfreund auch wach werden soll, damit er sich um sie kümmert und ihren Futtertopf füllt.

Oder daß sie ihn aus dem Tiefschlaf holen, wenn sie mal zwischendurch weg waren und nun sagen möchten, daß sie wieder da sind und wie's denn so ginge.

Katzenfreunde, die vielleicht ohnehin schwer einschlafen und mit Schlaflosigkeit zu kämpfen haben, können hier leicht aus der Fassung geraten und den Freund verfluchen. Doch dies ist schon ein anderes Kapitel. Es heißt „Untugenden" und folgt auf den nächsten Seiten.

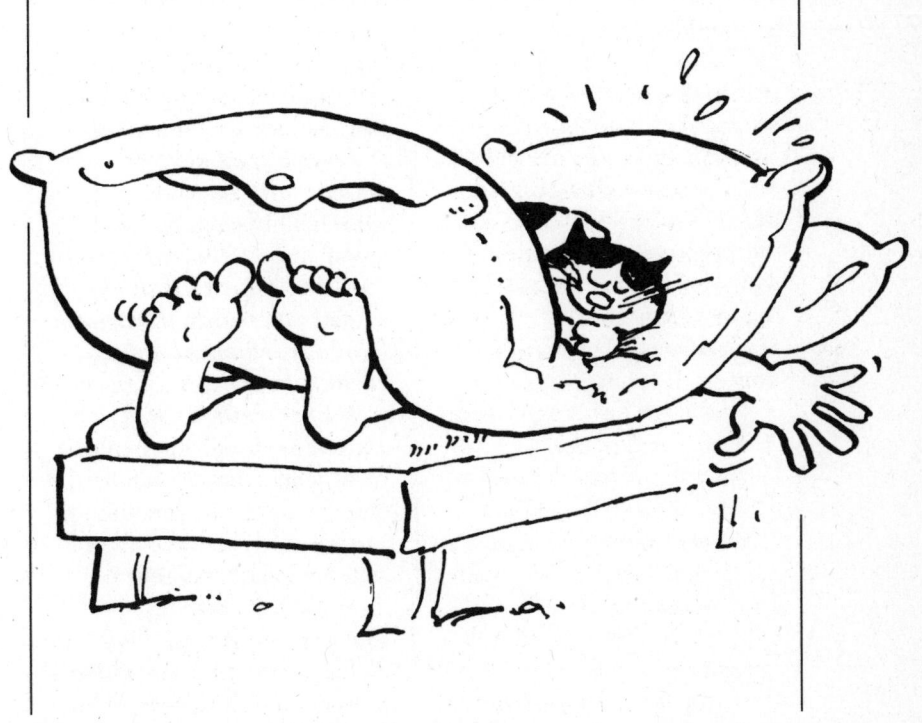

Katzenfreundschaft
im Härtetest

Es ist unter wahren Freunden üblich, daß man sich gegenseitig nichts vormacht. Sondern frank und frei über alles spricht – vor allem natürlich auch über die Dinge, die einen am anderen stören. Und nachdem wir nun immerzu von den hervorragenden Charaktermerkmalen gesprochen haben, aufgrund deren Menschen zu Katzenfreunden werden, sollen jetzt auch mal die Fakten zur Sprache kommen, die dieser Freundschaft mitunter Äußerstes abverlangen.

Hier steht das bereits angeschnittene Thema Verdauung ziemlich obenan.
– Daß Katzen auch mal aufs Klo müssen und nicht alles draußen in der freien Natur erledigen, wurde schon gesagt. Es kann schon lästig genug sein. Vor allem wenn dies mehrere Katzen tun.

– Es ist besonders lästig, wenn ein Ungeschickter darunter ist, der das Klo oft nicht trifft. Hier hilft ein Katzenhäuschen, das man über das Klo stülpt. Es hat allerdings den Nachteil, daß dadurch das Klo noch attraktiver wird. Denn da es für Katzen sowieso nichts Schöneres gibt, als in Kästen, Kartons, Taschen u. a. zu kriechen und sich dort zu verstecken, ist ein solches Katzenklohaus nicht nur als Klo interessant – als solches aber auf jeden Fall.
– Sehr unangenehm ist es, wenn das Klo nicht benutzt wurde, es aber dennoch riecht, als sei es benutzt worden. In diesem Fall muß man alle Ecken absuchen, unter Sessel und Sofas gucken, in Blumen- und Pflanzentöpfen nachschauen (aufgewühlte und

56

verstreute Erde ist immer
ein deutlicher Hinweis),
und darf sich nicht zufrie-
dengeben, ehe man das
unerfreuliche Ergebnis
gefunden hat. Dies muß
man dann mit der Schaufel
entfernen, den Teppich mit
einem dafür zu reservieren-
den Schwamm und einem
Reinigungsschaum säubern
und danach den Fleck mit
einem speziellen Antige-
ruchsspray einsprühen, der
auf Katzen abstoßend
wirken soll, um Wieder-
holungen zu verhüten.
Anschließend sollte man
überlegen, wie es dazu kommen konnte.

Folgende Lösungen bieten sich an:
– Die Katze hatte Durchfall
  und kam nicht mehr
  rechtzeitig zum Klo. Dies ist
zugleich die – für den
Augenblick – unangenehm-
ste Variante.
– Die Tür war verschlossen
  und damit der Weg zum Klo
  versperrt. In diesem Fall
  war man wenigstens selbst
  dran schuld.
– Die Pflanzen (falls es da
  passiert ist) sind neu oder
  haben neue Erde bekom-
  men. Beides kann Katzen,
  die zur Disziplinlosigkeit
  neigen, verführen.
– Es handelt sich um eine
  Protesttat (denn auch auf
  Katzen treffen die Regeln
  der Psychologie zu): Man
  hat eine zweite Katze ins
  Haus gebracht, die erste
  fühlt sich zurückgesetzt und
  will zeigen, daß sie auch
  noch da ist. Dies ist ihr
  gelungen!
– Liegt keiner der genannten
  Gründe vor und tut das Tier

Akt des Protests

dergleichen nur höchst selten, muß man sich damit abfinden und kann nur hoffen, daß nunmehr wieder eine längere Phase der korrekten Sauberkeit eintritt.
– Katzen aber verrichten nicht nur kleine und größere Geschäfte, sie pflegen auch mitunter ihren Mageninhalt auf dem gleichen Weg wieder abzugeben, auf dem sie ihn eingenommen haben.
Mit anderen Worten: Sie erbrechen sich. Dies geht mit den auch beim Menschen wohlvertrauten Würgegeräuschen einher, **und wenn man rechtzeitig dazukommt, kann man den Würger noch schnell vor die Tür setzen.**

Dies gelingt aber nicht immer, und dann trifft man nur noch das Ergebnis an:
– unverdaute Trockennahrung,
– eine halbverdaute Maus,

– Grasbüschel mit undefinierbaren Beigaben,
– allgemein Undefinierbares.
Vorteil: Es riecht so gut wie
gar nicht. **Nachteil:** Es sieht
so aus, als würde es entsetz-
lich riechen. Hier verfahre
man wie oben schon beschrieben: Schaufel, Schwamm,
Schaum (auf den Spray kann
man verzichten).
– Besonders schlimm wird
das alles, Verdauung wie
Übergeben, wenn dies vor
anderen Türen passiert.
Denn: Stößt es schon dem
vertrauten Katzenfreund
bitter auf, wie sehr muß es
erst den Nichtkatzen-
freund oder gar den Katzen-
feind treffen, wenn er solche eklen Funde in seinem
persönlichen Einzugsbe-
reich vorfindet! Was hier im
Einzelfall zu tun ist, muß
man selbst entscheiden.
Einige Tips geben wir in
einem der weiteren Kapitel.
– **Zu den Untugenden
gehört auch**
*1. die Mäusejagd, sofern sie
in der Wohnung fortgesetzt
wird,
und
2. die Ergebnisse, die
anschließend herumliegen.*

Zu 1.:
*Hauskatzen werden
durchweg nicht vom*

Hunger zum Mäusefangen angetrieben. Im Gegenteil: Meist haben sie an ihrem Hängebauch ganz schön zu schleppen, den sie sich aus Langeweile angefressen haben und den sie – hierin den Menschen ähnlich – auf dem Sofa liegend wild wachsen lassen.

Vielmehr tun sie es zum Vergnügen bzw. weil es ihnen so angeboren ist. Noch genauer: Sie sind begeistert hinter allem her, was etwa Mausgröße hat und sich am Boden bewegt. Allerdings sind auch Fliegen interessant, die am Fenster herumsummen – auch sie werden gejagt und bei Erfolg gefressen, was auf den Katzenfreund sehr unappetitlich wirkt.

Am schönsten aber scheint hier die Maus zu sein. Sie ist so angenehm pelzig und kann auch nicht wegfliegen. Und wenn man sie

gefangen hat und reinbeißt,
schmeckt sie ausgezeichnet.

Deshalb jagen also auch
Hauskatzen Mäuse.
Leider neigen sie dazu, ihre –
lebende! – Beute in die
Wohnung zu bringen. Denn
dort kennt man sich besser
aus – im Gegensatz zur
Maus –, hat also ein Heim-
spiel und ist so im Vorteil.
***Außerdem will man dem
Katzenfreund ein
Geschenk machen.*** Denn
der, das unterstellt man, hat
am Jagen genausoviel Spaß
wie man selbst.
Es sieht zumindest auch ganz
so aus. Denn der Katzen-
freund springt sofort aus dem
Bett und versucht, die Maus
ebenfalls zu fangen. Nicht um
sie zu essen, sondern um sie
aus der Wohnung zu schaffen
und sie, dies nebenbei, vor
der Katze zu erretten.
Dies verursacht eine Menge
Lärm, nicht nur weil der Katzenfreund (der allerdings in
diesem Moment keiner mehr
ist) überall anstößt, sondern
weil er auch kräftig dabei
flucht.
Man benutze hierfür ein kleines (Gäste-)Handtuch – zum

einen, um die sich angstvoll
in die Ecke drückende Maus
besser packen zu können,
zum anderen, um zu
verhindern, daß sie einen
in den Finger beißt.
Hat man Erfolg, so wirft man
sie weit in den Garten hinaus,
schließt sofort das Fenster,
beschimpft die Katze und gibt
ihr etwas zu fressen, um sie
abzulenken.

Zu 2.:
Manchmal spielt die Katze
nicht lange mit der Maus,
sondern frißt sie. Dies klingt
schrecklich, ***denn auch
Mäuseknochen krachen
beim Zubeißen.*** Und dies

dringt schauerlich an das menschliche Ohr, besonders wenn die Mahlzeit in der Stille der Nacht vorm Bett stattfindet.

Allerdings ißt sie die Maus nicht völlig, sondern läßt die Gallenblase und mitunter auch noch weitere Innereien sorglos liegen.

Im Garten mag dies angehen, in der Wohnung hingegen ist es unangenehm. Vor allem, wenn man des Nachts mit nackten Füßen hineintritt. **Es ist, dies darf gesagt werden, ein mehr als scheußliches Gefühl.**

Aber es ist auch kein schöner Anblick – vor allem für den Nichtkatzenfreund, dem die Katze dergleichen vor die Tür legt. Auch hier muß man beschwichtigen, sich rausreden, die Schuld auf andere schieben oder was sich gerade anbietet.

– Daß die Katzen auch mal einen Vogel fangen, gehört ebenfalls zu ihren Untugenden. Wobei hier zugegebenermaßen eine Art Doppelmoral im Spiel ist: Die arme Maus ist genauso bedauernswert wie der arme Vogel. Dennoch: Von der Katze gefangen zu werden ist man bereit, als Mäuseschicksal zu akzeptieren, und ganze Comic-Serien, wie z. B. Tom und Jerry, bauen auf diesem ewigen Zweikampf auf. Vögel hingegen sollen in den Zweigen sitzen und zwitschern.

Bevor man allerdings die Katze wegen ihrer gelegentlichen Vogelbeute zum Teufel wünscht (und auch als Katzenfreund tut man das), sollte man nicht die zahllosen menschlichen (oder besser unmenschlichen) Hobbyjäger vergessen, die dem Vogelvolk nachstellen.

Und auch nicht die Vogelmengen, die in südländischen Pfannen landen und auch vom deutschen Touristen als kulinarische Attraktion mühsam abgenagt werden.

Diese – Jäger wie Esser – wissen, was sie tun. Die Katzen wissen es nicht.

Vögel, in die Pfanne gehauen

Namen sind Schall

Diese Untugenden, die den Katzenfreund in seiner Zuneigung irritieren können, mußten mal genannt werden. Denn Katzen wie auch ihre Freunde sind ja unabhängige Wesen und vor allem unabhängige Geister, die frei sind von jeglicher Ideologie und den Dingen ins Gesicht zu sehen wissen.

Im Gegensatz zu den Hundebesitzern, die blind sind bei allem, was ihren Liebling betrifft, und die sein Gebell als melodisch, seine Bissigkeit als Charakterstärke und seine Verdauung auf öffentlichen Wegen als mit der Zahlung der Hundesteuer für berechtigt erklären.

Wer also glaubt, etwas Katzenfreundliches in sich zu verspüren, der prüfe, ob seine Freundschaft stark und tief genug ist, um die genannten Nachteile in Kauf nehmen zu können.

Wer nun aufrichtig nickt und vielleicht sogar gerade ein solches Tier frisch im Haus und auf dem Sofa hat, der wird natürlich mit der Frage konfrontiert:

Wie soll es heißen? Namensgebung – beim eigenen Nachwuchs z. B. – ist ja sowieso heute zu einem Vergnügen von besonderer Qualität entartet, wobei das Exklusivste und Hochgestochenste für Meiers, Müllers und Häberles gerade gut genug ist.

Kommt nun ein Tier ins Haus, noch dazu ein optisch und charakterlich so anspruchsvolles, tritt der Familienrat zusammen. Denn während man Meerschweinchen oder Hamstern noch putzige Namen geben kann, die ihnen angemessen sind, muß man bei Katzen schon in eine

Janina Häberle mit Katze

65

besondere Schublade greifen. Dabei ist es noch sehr die Frage, ob Katzen überhaupt wissen, was ein Name ist. Denn wenn man sie ruft,

– *kommen sie oder kommen sie nicht,*
– *kommen sie, obwohl man sie ruft,*
– *kommen sie, wenn sie kommen, auch wenn man sie*

nicht mit Namen ruft, sondern ganz anders, z. B.: „Mal herkommen, es gibt was!"
– *kommen sie, weil sie die Stimme des Rufenden erkannt haben bzw. weil sie ihn sehen können, wenn er sie ruft,*
– *kommen sie, weil sie sowieso gerade kommen wollten, egal ob gerufen oder nicht,*
– *kommen sie gerade deshalb nicht, weil man sie ruft, obwohl sie eigentlich gerade kommen wollten und auch gekommen wären, hätte man sie nicht gerufen, denn nun müssen sie erst mal stehenbleiben und sich umdrehen, damit nicht der Eindruck entsteht, sie kämen, weil man sie gerufen hat,*
– *kommen sie, weil man sie ruft, merken aber auf halbem Wege, daß sie da etwas spontan tun, was sie auf gar keinen Fall mit ihrer Einstellung vereinbaren können, drehen sich wieder um und gehen noch mal weg, um eine Minute später zu kommen,*
– *kommen sie sowieso, auch ungerufen, wann immer ihnen danach ist, etwa weil sie Hunger haben,*
– *aufs Sofa möchten,*

– am Bauch gekrault werden wollen,
– es ihnen draußen nicht mehr gefällt,
– aus irgendeinem anderen Grund, der ihnen aber schon einfallen wird, wenn sie erst mal da sind.

Keineswegs kommen sie, weil sie Sylvester, Stanislaus oder Fürst Myschkin heißen. Vielmehr reagieren sie – oder auch nicht – ebenso auf Namen wie Otto, Willi oder Franz.
Edle Namen lassen höchstens den Tierarzt aufblicken, wenn er den Impfpaß anlegt und fragt: „Wie heißt er denn?"
Das heißt also: Den Namen legt man nur im eigenen Interesse fest, um nicht immer nur „Hei, du da! rufen zu müssen. Und um zu zeigen, welchen verfeinerten bzw. originellen Geschmack man hat. Dabei sollte man – so die einleuchtende Erklärung der Tierverhaltensforscher – lieber einen kurzen Namen wählen, der ausdrucksvolle Vokalität besitzt und sich leicht merken läßt. *Denn der Name ist für die Katze in erster Linie Schall.*

Die hier zitierten Otto und Willi sind vom reinen Gebrauchswert her – und jeder Name ist ja ein „Gebrauchsartikel" und weder Titel noch Ritterschlag – schon mal nicht falsch.
Auch Felix ist beliebt, was vielleicht damit zusammenhängt, daß Katzen ja, zoologisch, zur Gattung der Feliden gehören, denn Katze heißt auf lateinisch felis. Daß das lateinische „Felix" außerdem „der Glückliche" bedeutet, ist ein angenehmer Nebeneffekt.
(Der Hund gehört zu den Caniden, weil er auf lateinisch canis heißt, was aber noch keinen Hundebesitzer dazu gebracht hat, seinen Liebling Kanix zu taufen.)
Natürlich ist der Name zugleich auch ein Programm.

– Sieht man in ihm mehr den **Schmusepartner**, so bekommt er sicher einen Namen aus dem niedlichen Gefach und heißt dann vielleicht Peterle. Was aber, wie alle Diminutivnamen, erstens nur für die Kindheit und Jugend angebracht ist (ein alter, souveräner Kater, der Peterle heißt, hätte das Recht, darüber gekränkt zu sein), und zweitens in Augenblicken des Zorns wenig Ausdruckskraft hat.

– Betrachtet man die Katze – vor allem, wenn es ein Kater ist – vorwiegend als **gleichrangigen Freund**, mit dem man sich auch mal normal und nicht nur in der Tier-/Kindersprache unterhalten möchte, so wird er einen eher unaufwendigen Namen bekommen wie beispielsweise Philipp (der ohnehin als Katername beliebt ist) oder Ferdl. Kraftvolle, erwachsene Namen also, die Katern angemessen sind und die auch passen, wenn man mal sagt: „Hör mal, Ferdl, jetzt schicken mir die vom Finanzamt schon wieder eine Abrechnung, die viel

– Will man sich in dem Katzentier eher selbst darstellen, dient es also zur **lebendigen Dekoration** und zur Verschönerung des Wohnstuben-Layouts, so wird man ihm einen originellen und auffallenden Namen geben wie zum Beispiel den bereits erwähnten Sylvester – rufen wird man ihn natürlich nicht so, das wäre zu albern.

68

zu hoch ist. Kannst du mir sagen, wie ich die dazu bringen kann, daß sie nicht immerzu denken, ich sei Millionär?"

Daraufhin wird Ferdl oder Otto einen mit leicht zugekniffenen Augen anschauen, was soviel heißen soll, wie: „Wem sagst du das, aber damit muß man leben!"

– Natürlich kann man auch den einleuchtendsten Weg gehen und sich *an der Farbe orientieren.* So heißen dann schwarze Katzen „Mohr" (vor allem früher, als das noch nicht rassistisch und kolonialistisch war) oder heute eher „Blacky", was zugleich smart und elegant klingt. Gefleckte heißen analog „Flecki", rote „Fuchs", weiße „Milli", getigerte „Leo". Zu dunkelgrauen sagt man vielleicht „Smoky" (der Rauchige), zu hellgrauen „Dusty" (der Staubige).

– Bei Kätzinnen sind *liebliche Namen* eher zu akzeptieren – vom millionenfach benutzten „Mieze" und „Mizzi" über die nicht weniger gebräuchlichen „Muschi", „Puschi" und „Pussy" bis zu „Katharina" oder „Eleonore".

– Wenn dem Deutschen edel und anspruchsvoll zumute ist, taucht er gern ins *Französische.* Deshalb heißen Kätzinnen hierzulande oft „Mouche" (also Fliege) oder „Bijou" (also Schmuckstück).

– Kater hingegen, denen man gern lausbübische Rauflust und Schlitzohrigkeit unterstellt, werden *angelsächsisch* bedient, z. B. „Tom" oder „Mike".

– Gern wird auch der *slawi-sche Weg* beschritten, und dann kommen, neben dem zitierten „Stanislaus", auch „Boris", „Janosch" oder „Mikosch" zum Zug.

– Bleibt man *brav im Lan-de,* so entscheidet man sich für „Puschel" oder „Pinky".

– Auch der Name einer *historischen Persönlich-keit* wird gern genommen. „Hannibal" zum Beispiel oder „Ramses" oder „Nero".

Hat man von Anfang an *zwei,* kann man sie „Miez und Mauz" nennen oder „Hinz und Kunz" oder „Max und Moritz" – *die Namen müssen sich schon im Vokalbereich deutlich unterschei-den:* „Lotti und Dotty" hätte also wenig Sinn. Denn selbst wenn beide geneigt wären, auf Namensruf zu kommen, wüßte keiner, wer gemeint ist. Zumindest könnten sie sich's aussu-chen: Gibt's was zu fressen, fühlten sich beide ange-sprochen, geht's darum, wer in den Blumentopf gemacht hat, würde sich jeder auf den anderen verlassen und sagen: „Du bist gemeint, ich hab's deutlich gehört!"
Natürlich kann man auch die menschlichen Vornamen mei-den und zu Nachnamen greifen, wobei der erste, der einem in den Sinn kommt, oft auch wirklich der beste ist. Wenn man also einen ge-stromten braunen Kater

bekommt und einem spontan der Name Braunwarth einfällt – weil das vielleicht mal ein netter Nachbar war (früher, nicht jetzt!) –, dann soll man ruhig dabei bleiben. Ein solcher Name hat auch den Vorteil, daß man ein förmliches „Herr" davortun kann, wenn es gilt, Standpauken zu halten oder sonstwie nachdrücklich zu werden. *„Nein, lieber Herr Braunwarth, Abendessen war schon. Wir sind sowieso dick* *genug und müssen jetzt mal etwas auf die Figur achten."*

Sie merken – es spricht sich leichter.

Fällt einem bei der neuen Katze vielleicht als erstes das glänzende Fell auf, so heißt sie „Fräulein Schiller" – was nach dem ersten Wurf (so es dazu kommen sollte) natürlich in „Frau Schiller" geändert wird. Da sollte man schon korrekt sein.

71

Von den Nachteilen der Liebe

Um an den Wechsel von „Fräulein Schiller" zu „Frau Schiller" noch kurz anzuknüpfen:
Der Katzenfreund hat – hier im Buch – gerade erst Katzenfreundschaft geschlossen und ist noch bei der Namenssuche – und schon sind wir beim Nachwuchs. Sind wir etwa zu schnell? Eilen wir den Dingen voraus?
O nein, nicht wenn wir den Nachwuchs verhindern wollen. Und das sollte der Katzenfreund tun, so er verantwortungsvoll ist und nicht ein Landgut mit mehreren Morgen Wald und Feld drumherum besitzt sowie einen umfänglichen Park, dazu ein Gestüt mit einem ausreichenden Mäusevorrat.

Kurz: Er sollte von Anfang an darauf achten, daß aus seiner Katze nicht binnen kurzem viele Katzen werden. Was nämlich will er mit ihnen anfangen?
– Behält er sie, wird er relativ schnell wahnsinnig, denn er kann sich um nichts anderes mehr kümmern als um seine Katzen.
– Macht ihm dies selbst keinerlei Schwierigkeiten, so werden ihm die Nachbarn welche machen. Mit einer Katze sind sie vielleicht einverstanden, bei zweien drücken sie evtl. noch ein Auge zu – aber ab drei grüßen sie nicht mehr.
– Will er sie verschenken, so muß er jemanden haben – und zwar gleich mehrere –, der sie ihm abnimmt. Kennt er den Betreffenden nicht, ist Vorsicht geboten. Kennt er ihn dagegen, dann vielleicht erst recht.
– Überläßt er sie sich selbst und hofft, sie würden weglaufen, so täuscht er sich

Katzenfreund als Fulltime Job

73

erstens, denn keine Katze
läuft da weg, so sie sich
wohl fühlt, und zweitens:
Weiß er, wohin sie gerät?
– Will er sie verschenken, so
sollte er strenge Maßstäbe
anlegen. Nicht jeder, der
eine Katze möchte, weiß,
was er da tut bzw. tut es aus
innerem Bedürfnis und hat
zugleich das richtige
Händchen dafür. Sondern:
– Manchem wird sie schnell
über (vor allem, wenn sie

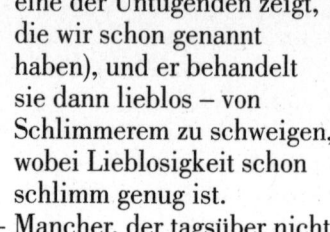

eine der Untugenden zeigt,
die wir schon genannt
haben), und er behandelt
sie dann lieblos – von
Schlimmerem zu schweigen,
wobei Lieblosigkeit schon
schlimm genug ist.
– Mancher, der tagsüber nicht
zu Hause ist, sperrt sie ins
Bad, damit sie seinen kost-
baren Musterringmöbeln
nichts tut. In diesem Fall
aber kann man sie auch
gleich der Chemischen
Industrie anvertrauen.
– Aber auch Kinder, die
„wahnsinnig gern so ein
Kätzchen hätten, vor allem
unsere Nadine-Yvonne ist
ganz verrückt danach" sind
keine gute Adresse. Katzen
nämlich wollen dann
spielen, wann sie es wollen
(und das ist nicht sehr oft),
und den größeren Teil des
Tages in Ruhe verschlafen.
Dafür aber haben Kinder,
die in Tieren sowieso nur
eine Art von Spielzeug
sehen, das sich ohne Batte-
rie bewegt, kein Verständnis. Vielmehr wollen sie sie
immerzu liebhaben und
herumtragen. Folge: Die
Katze fühlt sich zutiefst
belästigt und

1. läuft entweder davon oder
2. wird neurotisch (was heißt: macht überall hin) oder
3. wehrt sich.

Im ersten Fall zieht große Traurigkeit ein (auch beim Katzenfreund, der sie hergeschenkt hat), im zweiten Fall gilt sie als Pfui und nicht stubenrein („Obwohl Katzen doch so saubere Tiere sein sollen!"), und im dritten ist sie einfach falsch („Nadine-Yvonne hat wirklich immer nur mit ihr spielen wollen und sie sogar in ihrem Puppenwagen gefahren, und plötzlich haut ihr das Biest eine mit allen Krallen!").

Außerdem besteht bei Kindern die Gefahr, daß sie der Katze, aus welchen Gründen auch immer, die Schnurrhaare abrasieren, was einer subtilen Art von Blendung gleichkommt. *Kurz: Ehe man Kindern Tiere schenkt (und das gilt nicht nur für Katzen) muß man die Kinder – und die Eltern! – gut kennen.*

Wohin also mit dem Katzensegen, wenn man sich nicht dazu überwinden kann, ihn zu ertränken oder an die Wand zu werfen, wie dies die seelisch robuste Landbevölkerung tut? Und wohin vor allem mit dem nächsten Wurf und dem übernächsten usf., denn Katzen bekommen ja nicht nur einmal im Leben Nachwuchs, wenn man sie gewähren läßt, sondern relativ immerzu?

Am besten also: *von Anfang an die Nachwuchsquelle verstopfen.* In Form von
– Kastration bei Katern,
– Sterilisation bei Katzen.
Veterinäre machen dergleichen mit links, es kostet nicht die Welt, und es raubt auch den Patienten nicht in dem Maße den Lebenssinn, wie man das vielleicht aus menschlicher Sicht unterstellt.
Im Gegenteil: Kinderkriegen ist auch für Katzen eine aufwendige und unbequeme Sache, und Kinder zu ordentlichen Katzen zu erziehen, geht auch Katzen auf den Geist und macht nervös.
Auch ist bei Katern die Liebe keine romantische Angele-

Es geht auch ohne!

75

Der Nächste bitte

genheit, bei der Hölderlin im Mondschein zu zitieren obenan steht. Vielmehr werden hier z.T. harte Kämpfe zwischen den Bewerbern ausgefochten, denen die Dame vom Stubenfenster aus mehr oder weniger interessiert zusieht. Das geht dann nicht ab ohne tiefgreifende Kratzer oder auch einen Winkelriß im Ohr, dazu die Frustration, wenn das von der inneren Sekretion so stürmisch geforderte Ziel vielleicht nicht erreicht wird, weil entweder

– der andere gewonnen hat oder aber
– die an sich Zugängliche von ihrem Katzenfreund nicht vor die Tür gelassen wurde.

Dazu kommt, daß Kater mit unzensierter Männlichkeit
– oft unterwegs sind,
– meist, wie gesagt, reichlich zerrupft wiederkommen,
– seelisch alles andere als ausgeglichen sind und als reine und ausschließliche Wohnungskater schon gar nicht verwendet werden können, weil sie
– immerzu ihre Duftmarken setzen, die auf Katzenfrauen verführerisch, auf Menschennasen aber abschreckend wirken,
– wenn sie's überkommt, losgehen und ebenso laut wie herzzerreißend singen, was wiederum die Nachbarn gegen den Katzenfreund aufbringt.
Kurz: Es gibt eine Unmenge von Gründen,

Kater kastrieren und Kätzinnen sterilisieren zu lassen.
Dadurch fallen nicht nur die hier aufgezählten Unannehm-lichkeiten – für Katze, Kater, Katzenkinder und Katzen-freund – weg, das Bild gewinnt auch ein paar vorteil-hafte Tupfer hinzu. Denn operierte Katzen verlieren keineswegs Temperament und Lebenslust, sondern im Gegenteil: Von der Last des Fortpflanzungstriebs befreit, sind sie ausgeglichen und entfalten all die Eigenschaf-ten, die der Katzenfreund so liebt.
Sie sind:
– freundlicher,
– verspielter,
– anschmiegsamer,
– entspannter,
– unkomplizierter.
Das gilt vor allem für die Kater, die sich viel enger an den Katzen- bzw. Menschen-freund anschließen und – da sie keinerlei Katzenarterhal-tungs-Aufgabe mehr haben – mehr und mehr menschliche Züge annehmen.
Aber das ist ja leicht nachzu-empfinden: Hat man erst mal die Frauen aus dem Kopf und das Thema Liebe abgehakt, ist das Leben plötzlich ein großer, ruhiger Fluß.
Besonders wenn man, wie Kater, gar nicht weiß, was einem eventuell entgeht.

Der Mensch als Portier

Der Alltag von Katzen enthält alles, was man sich auch für den eigenen Alltag wünscht:
– essen,
– ein bißchen die Zeit totschlagen,
– schlafen.

Vor allem letzteres. **Katzen sind Weltmeister im Verschlafen ihres Lebens, und das ist keineswegs die schlechteste Art, die Zeit zwischen Geburt und Bestattung hinzubringen.** Katzen jedenfalls vermitteln nicht den Eindruck, als würden sie unter diesem Mangel an aktiver, planvoller Lebensgestaltung und Sinnsuche besonders leiden oder sich deswegen gar Vorwürfe machen.

Für den Katzenfreund, der möglicherweise in den Karrierestreß eingespannt ist, von Sorgen zerquält seine Kontoauszüge anschaut, den Chef haßt, sich mit dem Hausbesitzer wegen einer Heizungsreparatur streitet, in Midlife- und Ehekrisen herumwatet, zur politischen Lage in Nahost sowie zur modernen Kunst eine Meinung haben soll, den Abstieg seines Fußballvereins beklagt, vor dem Problem steht, sich vor der Haus- und Gartenarbeit zu drücken und Pläne für den Sonntag zu machen – kurz: Für den normalen Menschen am Ende unseres Jahrhunderts also ist die Katzenart der Lebensführung ein ständiger Anlaß heftigen Neides.

Katzenleben ist kein Hundeleben!

Und mitunter kann er es sich nicht verkneifen, morgens, wenn er zur Büroarbeit aufbricht, und der Kater, von seinen nächtlichen Spaziergängen ermattet, auf dem Sofa ruht und nur mal kurz hochblinzelt, zu sagen: „Ja, du hast's gut, du schläfst jetzt bis Mittag, träumst süß, und ich, was tue ich – ich muß mich ranhalten und Geld verdienen, damit ich auch dein Dosenfutter, deine Wurmkur und deine Spritzen gegen Gottweißwasalles zahlen kann. Hast du mir das je gedankt? Nein, hast du nicht! Noch nicht mal ein schuldbewußtes Gesicht machst du, wenn ich los muß wie jetzt."

So spricht der Katzenfreund und denkt: *Wenn ich wieder mal zur Welt komme, werde ich Kater bei mir.*
Hat die Katze schließlich ausgeschlafen, so
– streckt und räkelt sie sich,
– putzt sich,
– springt vom Sofa herunter,
– inspiziert die Wohnung,
– schaut im Freßtopf nach und stellt fest, daß sie jetzt gerade darauf keinen rechten Appetit hat,
– schaut dann den haushaltversorgenden Katzenfreund an (meistens eine -freundin), ob das da alles sei und ernst gemeint,
– läßt sich etwas von dem geben, das beim Zubereiten des Essens gerade abfällt,
– geht dann zur Tür, den Katzenfreund anblickend, damit er öffne, und
– verschwindet im Garten.
Verfügt der Haushalt über mehrere Katzen, so wiederholt sich dieser Vorgang einige Male hintereinander. Bis der Katzenfreund, ungeduldig geworden, der letzten hinterherruft: „Und nun verschwindet und laßt euch so bald nicht wieder sehen."
Doch kaum hat er sich wieder seiner Arbeit zugewendet, klopft der erste an die Terrassentür und möchte herein.

Im Sommer, an warmen Tagen, wenn die Türen zur Freiheit offenstehen können, geht dieses Raus und Rein ohne Probleme. Mehr noch: Dann kann man sich sogar in die offene Tür legen, den warmen Sonnenstrahl auf dem Fell, und warten, bis ein anderer Katzenkollege – einen, den man nicht so mag – herein will, worauf man ihm diesen Eintritt verwehrt.
Dann gibt es Streit, und der Katzenfreund muß rufen:

80

„Verdammt noch mal, Bräuniger (bräunliches Fell!), nun laß doch Frl. Weiß (weißes Fell!) herein und such nicht immerzu Streit mit ihr. Du bist doch der Ältere und Größere, nun sei doch einmal wenigstens auch der Vernünftigere. Du weißt doch, daß sie ihre Zicken hat!"

Dennoch: Bei schönem Sommerwetter sieht der Katzenfreund nur wenig von seinen Katzen, und das ist für beide Teile manchmal gar nicht schlecht.
Anders bei schlechtem Wetter, bei Regen, oder gar im Winter, bei Kälte und Schnee.

– In diesem Fall geht die Katze an die Tür und signalisiert den Wunsch, hinausgehen zu wollen. Und zwar dringend und sofort.
– Kaum draußen aber, stellt sie fest: Es ist naß, kalt und unerfreulich. Besser, man geht wieder hinein.
– So steht sie wenige Minuten später wieder vor der Tür und will hereingelassen werden.
– Drinnen aber ist's langweilig – ist sie nicht gerade deshalb eben erst hinausgegangen? Wieso ist sie jetzt wieder hier?
– Nein, sie möchte doch wieder hinaus. Würde man bitte öffnen? Danke.
– Unentschlossen, mit hin und her schwingendem Schwanz, steht sie zwischen Zimmer und draußen. Was soll sie tun? Schließlich geht sie raus – von der Bemerkung des Katzenfreundes „Nun entscheide dich schon, es wird kalt hier drin!" vertrieben.
– Richtig, jetzt fällt es ihr wieder ein, warum sie nicht lange draußen geblieben ist – das Wetter! Würde man ...?

– Kaum ist sie wieder drinnen, beginnt der Katzenkopf nachzudenken: Kalt und verregnet ist es im Garten! Vorn, vorm Haus ist es wahrscheinlich sonnig und warm.

– Also möchte sie jetzt durch die vordere Tür hinaus. Doch leider muß sie feststellen, daß da auch nichts anderes auf sie wartet.

– Tut ihr leid, aber sie muß nochmals stören. Was dem Katzenfreund auch ganz recht geschieht – warum sorgt er nicht für besseres Wetter!

– Da der Katzenfreund aber das Wetter nicht ändert, sondern sie fluchend über diese ständige Störerei empfängt, setzt sie sich auf die Fensterbank und schaut hinaus. Das ist besser als gar nichts.

– Aber nachdem sie eine Weile zugesehen hat, wie der Nachbar an seinem Zaun herumklopft, wird es ihr langweilig. Und von da bis zur Schläfrigkeit ist es auch bei Katzen nur ein kurzer Schritt.

– Wenn einem also nichts geboten wird, kann man auch wieder schlafen gehen. Am besten gleich da, wo man sich gerade befindet. Vielleicht hat sich bis nachher das Wetter wieder gebessert.

Dies soll nun nicht heißen, daß Katzen nur bei schönem Sonnenschein ins Freie drängen. Es gibt vielmehr auch schlechtes Wetter, bei dem Katzen ganz kribblig werden und fast die Tür hochgehen, um an den Öffner zu kommen. Das ideale Katzenwetter ist:
– stürmisch,
– feucht,
– warm.
Und das alles am besten auch noch nachts.

Im frühen Frühjahr trifft man auf solchen Genuß oder an bestimmten Herbsttagen, die so richtig schön unangenehm und unheimlich sind, aber eben noch nicht so kalt. In diesen Nächten sind anscheinend auch die Mäuse in hektischer Betriebsamkeit, ihr aufgeregtes Wispern trifft das überscharfe Katzenohr und läßt auf eine reiche Strecke hoffen.

Würde bitte jemand aufmachen?

Mäuse in voller Aktion

83

Distanz und Zuwendung – richtig dosiert

Katzen – pflegeleicht

Katzen sind u. a. auch deshalb so beliebt, weil sie keinen besonderen Aufwand wünschen. Vorausgesetzt natürlich, daß es sich bei dem Katzenfreund um einen Menschen handelt, bei dem umgängliches Verhalten nicht unter die Rubrik besonderer Aufwand fällt.

Die Mischung von Distanz und Zuwendung sollte gewahrt bleiben, wobei einmal der Akzent mehr auf dem einen, ein anderes mal mehr auf dem zweiten liegt.

Dabei ist es Katzen am liebsten, wenn sie selbst den Zeitpunkt bestimmen können. Da dies für die männlichen Katzenfreunde ein relativ gut bekanntes Verhalten darstellt, sind diese auch im Grunde die idealen Katzenfreunde. Der weibliche Teil dagegen, der hier selbst gern die Situation in die Hand nimmt, kann deshalb schon eher mal mit Katzen aneinandergeraten.

Das Angenehme ist, daß Katzen im allgemeinen keinerlei Taktik im Sinn haben, wenn sie sich mal so, mal so verhalten. Sie folgen nur ihrer augenblicklichen Stimmung, und diese ist der alleinige Maßstab ihres Benehmens.

Zum Beispiel bei der Begrüßung:
Kommt die Katze von draußen herein, so kann sie
– an dem Katzenfreund vorbeigehen, ohne ihn anzusehen, bzw. sie widmet ihm die gleiche träge Aufmerksamkeit wie auch allen anderen Gegenständen im Zimmer.
– auf den Katzenfreund zugehen, ihm ein-, zweimal um die Beine streichen und ebenfalls weitergehen. Ziel: Futternapf.

84

– dem Katzenfreund auf den Schoß springen, schnurrend ihren Kopf an den seinen stoßend, sich auf ihm um und um drehen, ständig wilde Streicheleien provozierend, wobei ihr feine, klare Sabbertröpfchen vom Mund fallen.

In allen drei Fällen erwartet sie eine gleichtemperierte Reaktion. Nämlich
– im ersten Fall gar keine, höchstens ein kurzes: „Na, wie geht's?"

– im zweiten ein leichtes Übers-Fell-Streicheln, aber ohne große Begrüßungszeremonien,
– im dritten dagegen sanftes, aber kräftiges Durchwalken, zum einen am Rücken, zum zweiten am Bauch, was man am besten dergestalt tut, daß man die Hand zwischen den Hinterbeinen hindurchschiebt und sich so vom Bauch zum Hals durcharbeitet. Eine Ansprache ist

85

dabei durchaus willkommen, wie z. B.: „Wo hast du dich nur wieder herumgetrieben, Nase und Augen sind ja voller Schmutz! Du gräbst doch hoffentlich nicht in Frau Dr. Burkhards Tulpenbeeten!"

Aufdringlichkeit im ersten Fall wäre ebenso unangebracht wie kühle Distanzwahrung im dritten.

Keine Katze der Welt käme je auf die Idee, der Katzenfreund habe in diesem Moment anderes, wenn nicht gar Wichtigeres vor. Um dies auch zu verdeutlichen, wird sie sich nach Möglichkeit dahin setzen, wo sie die Quelle einer eventuellen Ablenkung vermutet.

Nämlich:

– möglichst so vor den Fernsehapparat, daß der Katzenfreund nichts sieht, oder
– so vor den Computer-Bildschirm, daß der Katzenfreund – falls er daran zu tun hat – diese Arbeit vorübergehend einstellen muß, oder
– so auf das Buch oder die Zeitung, daß exakt der Teil verdeckt ist, den der Katzenfreund gerade liest.

„Das Wichtigste bin ich, klar?"

Sie macht dies ohne jegliche Bosheit und Arroganz, sondern mit der allergrößten Selbstverständlichkeit, als sei dieser Platz (auch wenn er noch so unbequem ist) der angenehmste der Welt, und sie habe schon den ganzen Tag über davon geträumt, da zu sitzen.

Gern signalisiert sie auch, daß sie vorhat, für längere Zeit hier zu verweilen, indem sie sich im sogenannten Müffchensitz zurechtrückt, die Augen langsam zufallen läßt und in eine jener undefinierbaren Katzenmeditationen

versinkt, in denen nur manchmal ein Ohr oder die Schwanzspitze zuckt. **Dabei registriert man immer wieder, wieviel Platz eine normal dicke (also ziemlich dicke) Hauskatze einnimmt.**

Kommt nun umgekehrt der Katzenfreund nach Hause, so verläuft die Begrüßung ähnlich:
– Sie liegt auf dem Sofa und nimmt von dem Ankömmling keinerlei Notiz, oder
– sie erhebt sich gähnend und sich streckend, läuft an ihm vorbei zu ihrem Napf, schaut erst diesen an, dann den Katzenfreund und hofft, daß er kapiert, was gemeint ist, oder
– sie steht bereits in der Tür, greift zur Beinstreichmethode und blickt verlangend auf die Einkaufstüten. Denn Katzen – wie auch Menschen – sind immer davon überzeugt, daß in Einkaufstüten grundsätzlich etwas Interessantes drin ist, und zwar zum Essen.
– Wird ausgepackt, steht sie laut schreiend dabei, und nur durch das Hinhalten

eines Kopfsalats kann sie zu der Einsicht gebracht werden, daß es nichts Besonderes gibt.

Manchmal hat der Katzenfreund zwei Taschen zu tragen – die eine knausrig sparsam mit Menschenfutter gefüllt, die andere bleischwer von Katzendosen. „Hier, das alles ist für euch!" sagt er und stemmt die Dosen auf den Tisch, was aber nichts daran ändert, daß die Katzen die Dosen zunächst mal ignorieren und großäugig auf das raschelnde Papier blicken, aus dem der Katzenfreund sein ärmliches Scheibchen Leberkäs schält oder die 100 g Tiroler Jagdwurst, geschnitten.

Ärmliches Mahl – ehrlich geteilt

87

Gibt er dem Tier nichts ab, kommt er sich schäbig vor. So ist er also Mensch und Katzenfreund, teilt etwas mit dem Freund, was aber nur zur Folge hat, daß dieser sich diese Unart vollends zur Gewohnheit macht und dann also auf gar keinen Fall mehr enttäuscht werden darf.

Unabhängige Geister – untereinander

Das Verhältnis der Katze zum Menschen ist gut, wenn es gut ist, aber es wird nicht von jener Abhängigkeit diktiert, wie dies vor allem beim Hund vorliegt. ***Katzen können auch alleine sein, was schon deshalb nicht so schlimm ist, weil sie, wie schon gesagt, einen Großteil ihres Lebens verschlafen.*** Den anderen Rest können sie sich auch gut mit sich selbst beschäftigen, wie Forscher mit versteckten Kameras herausgekriegt haben. Im Gegenteil: Wenn Katzen wissen, daß sie am Abend ihren Menschen sehen und seine Streicheleinheiten bekommen, nutzen sie den Tag wie ein Strohwitwer – im sicheren Familienschoß ruhend und dennoch temporär ohne Aufsicht, genießen sie es, mal über den Tisch zu laufen, auf der Anrichte zwischen Murano-Gläsern und Sammeltassen herumzustreifen (wobei sie nur selten etwas umwerfen, da sie keiner durch plötzliches Auftauchen zu Schreckreaktionen verleitet) und in halboffenen Schränken nachzuschauen.

Ideal ist es, wenn zur Wohnung nicht nur ein Garten gehört, sondern auch ***ein Fenster mit einem Ziergitter*** vorhanden ist – so kann man das Fenster offenlassen: ***Diebe können nicht herein, die Katze hingegen kann ungestört rein und raus.*** Hat man zusätzlich einen netten Nachbarn oder Hausmitbewohner, der morgens und abends die Näpfe füllt, dann kann man Katzen sogar im Urlaub (wenn dieser 14 Tage bis maximal drei Wochen nicht übersteigt) zu Hause lassen. (Was Katzen, könnte man sie fragen, ohnehin das liebste ist, denn sie mögen keine Veränderung.) ***Eine Ansichtskarte sollte man aber ab und an mal schreiben.***

88

Ein Gefühl für Feeling

Aber nicht nur der Mensch liebt die Katzen, u. a. weil sie so pflegeleicht sind – auch Katzen lieben ihrerseits Menschen, auf welche diese Eigenschaften zutreffen. Deshalb hassen sie Leute, die
– kommandieren,
– streiten,
– laut sind,
– Mittelpunkt sein müssen,
– rücksichtslos sind,
– laute Musik hören (vor allem Rock und anderes Moderne),
– ständig einen brauchen, an dem sie Lust oder Frust ablassen können,
– anderen gern auf der Nase herumtanzen,
– immerzu beschäftigt sind und Unruhe verbreiten,
– schlecht Geige spielen,
– eine Aura von Gefühlskälte und Lieblosigkeit mit sich herumtragen,
– über eine gellende Stimme verfügen,
– egoistisch sind,
– Situationen ausnutzen,
– einem starr in die Augen sehen,
– andere in höhnisch-giftigem Ton abkanzeln,
– aber auch umgekehrt grundsätzlich jede Begrüßung zu

einer Art leidenschaftlichem Liebesakt machen, statt auch mal ganz einfach „Hallo" zu sagen,
– kompromißlose Prinzipienreiter („Nein, du darfst nicht an den Tisch, auch nicht ausnahmsweise, und dabei bleibt's!"),

kurz:
– ***Katzen hassen Leute mit schlechten Vibrationen.***
In Gegenwart solcher Menschen fühlen sich Katzen unwohl, leiden, laufen schließlich weg oder, wenn dies nicht möglich ist, werden neurotisch oder unglücklich und fressen sich Kugelgestalt an.

Denn natürlich wollen Katzen – ebenso wie manche Menschen – gern in Ruhe gelassen werden, aber eben nur grundsätzlich und nicht immer.
Und schon gar nicht wollen sie negativ in Ruhe gelassen werden, nämlich aus Gleichgültigkeit und Desinteresse, sondern positiv, also aus Respekt und Wertschätzung.
Ideal ist es deshalb, wenn Katzen und ähnlich veranlagte Menschen aufeinandertreffen, weil sich dann zwei zusammentun, die sich wirklich verstehen. Da es aber wesentlich weniger Menschen dieses

Zuschnitts gibt als Katzenfreunde bzw. hier besser gesagt: als Leute, die sich Katzen halten, kann man sich vorstellen, daß es eine Unzahl von Katzen gibt, die mit dem falschen Partner leben müssen. Und das ist, wie auch sonst, kein besonders angenehmer Zustand.

Katzen lieben deshalb vor allem Menschen, die
– nett sind,
– harmlos sind,
– ein positives, heiteres Gemüt haben,
– auch mal melancholisch sein können, weil Melancholiker sensibel sind (platte Optimisten sind dies selten),
– Harmonie schätzen,
– faulenzen können,
– statt Heavy-Metal-Musik aufzudrehen eher zu Mozart und Schubert neigen,
– den Katzenpartner nicht aus Übermut erschrecken, sondern lieber die Stimme senken, wenn sie sehen, daß jener gerade schläft,
– wissen, wann man als Katze angefaßt werden möchte und vor allem auch: wie,
– mit Katzen normal reden

und normale Worte gebrauchen, auch wenn sie meinen, die Katze verstünde sie nicht,
– man mitunter gar nicht spürt, wenn sie im Zimmer sind, außer man weiß, daß sie es sind,
– sich entschuldigen, wenn sie mal versehentlich auf eine Katzenpfote treten,
– Besuchern mit Hunden die Tür verweigern.

Kurz:
– Katzen lieben Menschen, die einem nicht auf die Nerven gehen.

Solchen Idealpartnern sehen Katzen dann auch vieles nach. Beispielsweise wenn sie doch mal zu laut werden oder doch mal schimpfen (vor allem, wenn es berechtigt ist – und Katzen wissen genau, wann sie sich danebenbenommen haben, man muß sie nur möglichst sofort daraufstoßen und nicht erst Stunden später, wenn die Untat bereits verjährt, nämlich vergessen ist).
Oder sie doch mal einfach hochheben und das Gesicht in den Katzenbauch drücken, obwohl einem gerade jetzt, als

Katzen lieben dich und mich!

91

Katze, gar nicht nach solch stürmischen Zuneigungsbeweisen ist.

Oder auch bei Wagners Trauermarsch die Boxen mal etwas stärker aufdrehen, um den Posaunenstößen zu besserer Wirkung zu verhelfen, auch wenn man ziemlich nah dabeiliegt.

Oder mal den Nachschlag verweigern, wenn dies nicht mit der harschen Bemerkung „Gibt nichts mehr!" erfolgt, sondern mit den einfühlsamen Worten: „Schau mal, du hast in letzter Zeit ganz schön zugenommen, vielleicht weil Winter ist und du nicht soviel rausgehst und deshalb weniger Bewegung hast. Und du willst doch keine dicke Katze sein, oder? Schau mich an – würde es dir gefallen, so auszusehen?"

Gefühl für Katzen haben bedeutet: überhaupt Gefühl haben.

Und zwar nicht Gefühl im romantischen Sinne (das ist für die Alltagspraxis oft zwei Nummern zu groß) und auch nicht auf die moderne, emanzipatorische Art, wonach man seine Gefühle ausleben bzw. „sich zu ihnen bekennen soll" und bei dem Männer nur dann Männer sind, wenn ihnen immerzu eine Tränenflut durch den modischen Dreitagebart rinnt, sondern: Gefühl im Sinn von „feeling", also als Gespür für Situationen und den rechten Augenblick. Dieses Gefühl dafür, wann was angebracht ist, um immer möglichst das zu tun, was Katzen gerade mögen. Denn natürlich: Katzen haben dieses Gefühl nicht, sie haben Launen. Aber sie wollen sicher sein, daß ihr Mensch ein untrügliches Gefühl für diese Launen hat.

Vom „Au" zum „Rrrrrrrr"

Gefühl, wie gesagt, ist wichtig. Und der wahre Katzenfreund hat es, sonst wäre er keiner.

Und da, wo es einen mal im Stich läßt oder man bewußt dagegen handelt, sagen einem Katzen ziemlich genau, was sie davon halten. Man muß diese Sprache nicht lernen, vielmehr versteht man sie meist schon auf Anhieb, denn sie ist ziemlich eindeutig. Die Grammatik der Katzensprache hat einige klare Regeln. Sie signalisieren Zuneigung, Unmut, Aggression und Angst, wobei die beiden letzteren oft ineinander übergehen.

Da sind z. B. die Ohren.

Bei Katzen, die sich **wohlfühlen** bzw. sich nach gar nichts fühlen, sind sie **in Normalstellung, nämlich aufgerichtet,** so wie sie sich von selbst stellen, wenn man nicht an sie denkt, sondern sich selbst überläßt. Das Gesicht ist gleichmütig, der Körper entspannt, die Augen betrachten die Welt mit gebremstem Interesse, der Schwanz ist hochgestellt wie der Stromabnehmer bei einem Auto-Scooter.

– Bei **Neugierde und erhöhter Wachsamkeit** sind die Ohren **steil aufgerichtet,** im wahrsten Sinne des Wortes: **gespitzt.** Der Körper nimmt leichte bis mittlere Spannung an, die Pupillen sind vergrößert, der Schwanz zittert vor sich hin.

– Bei **Angst,** aber auch **Wut** – und man weiß nie so recht, wann das eine aufhört und das andere anfängt – **liegen die Ohren flach,** die Haare sind leicht gesträubt, der Schwanz schlägt am Boden umher, der Körper ist starr wie

Ohren, spitzt euch!

93

Holz und mehr oder weniger stark gebuckelt, die Pupillen sind geweitet. Dies ist meist dann der Fall, wenn sich zwei Feinde – andere Katze, Hund, böser Mensch – gegenüberstehen.

Handelt es sich gar um Todfeinde, so kann diese Kampfgestik, mit der man – ähnlich den Drohgebärden in der Politik, die mit Truppenaufmärschen verbunden sind – eigentlich das Schlimmste vermeiden und dem anderen nur Angst machen möchte, blitzartig zum großen Vernichtungsschlag eskalieren.
– Viertens schließlich gibt es

das sogenannte *„Tütenohr"*. In diesem Fall ist das Ohr aufgerichtet, dazu leicht nach außen gestellt und ein wenig eingerollt. Dieses Ohr kommt dann vor, wenn die Katze nicht genau weiß, ob sie jetzt ärgerlich sein soll oder ängstlich oder nachsichtig, ob man was von ihr möchte, und zwar: „Was bitte!", oder ob sie gar alles falsch verstanden hat. ***Kurz: Sie befindet sich in einem Konflikt*** – und, dies vor allem, sie möchte jetzt in keinem Konflikt sein, sondern bittet um klare Verhältnisse.

94

Ein zweiter wichtiger Teil der Katzensprache ist die phonetische Sprache.
Also das, was sie mit den Stimmbändern produziert. Hier gibt es eine Vielzahl von Möglichkeiten, und fast jede Katze benutzt irgendwie andere, nämlich ihre ganz und gar eigenen.

– *Das berühmte „Miau"* zum Beispiel, das allerdings so gut wie nie nach „Miau" klingt, verfügt über eine ganze Skala an Ausdruckswerten. *Meist klingt es* *sowieso nur nach „Au".* Aber eben mal lieb und sanft, nämlich leise, und bei manchen Katzen klingt es gar nicht, sondern wird nur durch Öffnen des Mundes angedeutet, so daß man es nicht hören, aber sehr wohl sehen kann. Und es bedeutet auch nur: „Ich bin da, schon gesehen?" oder „Ich könnte jetzt 'nen Happen vertragen, wie wär's mit Thunfisch?" Oder auch „Ich möcht' mal raus, machst du auf, bitte?"

Manchmal aber weiß man nicht gleich, was gemeint ist, dann muß man aufstehen und sagen: „Was willst du denn, komm, zeig's mir!", worauf die Katze – Schwanz hoch – vor einem herläuft, sich ab und zu umdreht, ob man auch kommt, und dann – meist vor dem leeren Napf stehenbleibt und einen ansieht.

– Es klingt aber auch manchmal laut und fordernd, nämlich dann, wenn das sanfte „Au" keine Wirkung zeigt und man phonetisch etwas nachlegen muß – besonders wenn der Mensch mit einem zum Napf gegangen ist und keine Anstalten macht, was reinzutun, sondern immer nur in seiner seltsamen Lautsprache etwas erzählt, was einen weder interessiert noch sonst weiterhilft.

– Es kann schließlich schrill, hoch und schreiend klingen, nämlich in der Nähe von „Ähh!", wenn sie sich mit einem anderen prügelt – oder aber der Mensch einem eine Wunde säubert, die man sich bei einer solchen Prügelei zugezogen hat.

– Im letzteren Fall kann das „Au" auch wirklich nach „Au!" klingen und zu einem mitleiderregenden Jammern werden, welches äußerstes

Unglück zum Ausdruck bringt. Während die anderen Katzen kurz aus ihrem Schlaf hochschrecken und irritiert und besorgt um sich blicken.

Neben dem wie „Au" klingenden „Miau" gibt es noch:

– *das Fauchen,* das bei manchen der Warnung dienen soll, wenn sie ein Zimmer betreten, in dem sie eine andere Katze vermuten, und deshalb gleich mal den Gefährlichen herauskehren wollen.

Es wird natürlich auch dann angewendet, wenn dieser andere dann auftaucht und verschwinden sollte. Es gibt Katzen, die fauchen von Kindesbeinen an, weil sie's bei der Mutter als erste Lautäußerung gehört haben, andere hingegen fauchen nie, sie wissen vielleicht noch nicht einmal, was es bedeuten soll und wie man's herstellt.

Manche – Ängstliche natürlich – können sich vor lauter Warnung fast zu Tode fauchen, so daß man sie hochnehmen und sagen muß: „Ja, du bist ganz gefährlich, und wir haben auch alle Angst vor dir, aber jetzt beruhige dich mal und setz dich hierher!" Worauf das Fauchen in ein unzufriedenes Knurren übergeht.

– *Das Knurren,* das aus irgendwelchen Tiefen kommt und stufenlos anschwellen kann, bis es in einen Tatzenhieb mündet. Dies geschieht meist dann, wenn man Katzen hochhebt, die das gerade nicht wollen, sie gar noch im Arm auf den Rücken legt, was sie noch weniger wollen. Kennen sie den Katzenfreund und können sie auch davon ausgehen, daß er sie kennt, dann genügt das Warnungsknurren. Denn dann werden sie mit einem „Entschuldige bitte, ich wollte dich nicht nerven", schnell wieder heruntergelassen. Weiß man das nicht oder mißachtet man die Warnung, kann es zu einem tiefen Kratzer kommen, der mit einem wütenden Schrei, der aus dem bereits zitierten „Ähh"-Bereich stammt, einhergeht.

– Manche verfügen auch über einen *mäkeligen Jammerton,* der Unzufrieden-

„Ich hab' dich gewarnt!"

heit, schlechte Laune, mit dem falschen Fuß aufgestanden u. ä. ausdrückt. Es gibt Katzen, vorwiegend solche, die zu früh von der Mutter weggenommen wurden und seitdem von einer Identitätskrise in die andere stolpern, die bei jeder Gelegenheit diesen Ton anschlagen. Diese darf man nicht ärgern, indem man sie nervt, obwohl es einen ständig in den Fingern juckt, sondern sollte sie in Frieden lassen und ihnen lieb zureden mit streng dosierten Streichelbewegungen am Kopf.

– Zuletzt *das Schnurren.* Dieses wird der Katze bekanntlich ebenso klar zugeordnet wie das Miau und der Appetit auf Mäuse und drückt alles auf der Zufriedenheitsskala aus –

von Wohl- bis Glücksgefühl. Wie Katzen dieses Geräusch erzeugen, darüber gibt es wohl viele Theorien, aber vermutlich wissen sie es selbst nicht, und es reicht vom ganz leichten „rrrrrrr" bis zum stärksten „RRRRRRRR", das an einen starken, gesund drehenden Schiffsdiesel erinnert.

Es findet vor allem statt, wenn Katze und Katzenfreund dicht beieinander sind, letzterer sanft und doch nachdrücklich – mit anderen Worten: gekonnt! – im Fell krault, mit halber Aufmerksamkeit ein Buch beruhigenden Inhalts lesend, während der Stereoapparat halblaut ein Mozart-Adagio spielt.

Über einen Katzenfreund von dieser Qualität verfügend, ist die Katze auch bereit, sich lustvoll vor ihm auf dem Boden zu wälzen und zwar auf dem Rücken und damit den empfindsamen Bauch ungeschützt darbietend. Dies bedeutet mithin einen äußersten Vertrauensbeweis, der nur noch davon übertroffen wird, wenn sie auf dem Rücken, Beine skurril angewinkelt, einschläft.

Sie tut das nur, weil sie weiß, daß der Katzenfreund dies nicht ausnutzt, auch nicht im Guten. Aber Katzen, das sagten wir schon, hassen ja sowieso Leute, die Situationen ausnutzen.

Und dies wiederum gehört zu den diversen Charaktervorzügen, die wir an ihr so schätzen. Denn: Solche Leute liebt auch sonst niemand.

99

Das große Problem:
der eigene Kopf

Eine Eigenschaft, die man Katzen in ganz besonderem Maße nachsagt, ja nachrühmt, und zum Grundbestandteil ihres unanpaßbaren Charakters erklärt, ist der sogenannte eigene Kopf. **Sie tun, soll das heißen, grundsätzlich nur, was sie wollen.** Und sie tun, ebenso grundsätzlich, das, was sie nicht wollen, nicht.

Wobei „grundsätzlich" so verstanden werden soll, wie es verstanden werden möchte, nämlich als „vom Grundsatz her". Und das bedeutet: im allgemeinen, nicht aber „immer".

In Sachen eigener Kopf aber kommt bei Katzen dieses „grundsätzlich" bis auf ganz wenige Millimeter an das „immer" heran.

Warum Katzen sich diesen Luxus erlauben, weiß man nicht. Denn das Bestehen auf dem eigenen Kopf und das strikte Ablehnen jeglicher Vorschriften geht mitunter über jedes vernünftige und nachvollziehbare Maß hinaus und führt oft genug dazu, daß Katzen sogar Unbequemlichkeiten in Kauf nehmen, wenn ihnen gerade nach eigenem Kopf ist.

„Dort soll ich mich hinlegen, in diese linke Sofaecke? Unmöglich! Die reinste Zumutung. Tausendmal lieber gehe ich in die Kälte hinaus!" So äußert sich die Katze mit der ihr zur Verfügung stehenden Sprache und Gebärdensprache und eilt sofort zur Tür, die sie mit der gleichen heftigen Ungeduld attackiert wie ein Hund, der von einer spontanen Blasenschwäche ereilt wurde.

Und das, obwohl sie all die Tage über keinen schöneren

Grundsätzlich immer

100

Platz kannte als eben diese linke Sofaecke.

Mehr noch: Sie hatte diesen Platz derart konsequent okkupiert, daß er sogar extra für sie freigehalten wurde wie der des Bundeskanzlers bei Mutter Maternus. Gäste wurden gebeten, sich nur in deutlichem Abstand daneben niederzulassen, und am liebsten hätte man ein Schild aufgestickt: Besetzt!

Nun also, da man sich voller Ahnungslosigkeit auf die rechte Sofaseite setzen wollte, weil man von da aus den unverstellten Blick auf den Fernsehschirm hat, eilt sie schnell herbei, um ebenfalls diesen Platz einzunehmen. Sie hat sich geirrt, denkt man, sie meint die andere Seite, und nimmt sie unter Aufsagen liebevoller Worte auf den Arm, um sie an ihren, wie man meint, Lieblingsplatz zu tragen (und vor allem auch weg von dem, wo man sie jetzt wirklich nicht brauchen kann).

Doch dieser Platz scheint über Nacht ein anderer geworden zu sein. Plötzlich ist

er so abstoßend wie ein Teller Hundefutter und so unbequem wie ein Nagelbrett. Empört springt sie einem aus dem Arm, noch ehe sie die nach wie vor herrlich weichen und einladenden Pfühle berührt hat, wirft einem einen total verständnislosen Blick zu und hat nur noch einen Wunsch: schnell hinaus, weg aus diesem Haus, wo man noch nicht einmal ihre bescheidensten Wünsche zu respektieren bereit ist.

Nur weg von diesem „Freund"!

Niemand weiß, weshalb sie dieses Ungemach eines Spaziergangs in Nässe und Kälte auf sich nimmt, statt auf ihrem nachweisbar beliebten Sofaplatz zu liegen.

Dies vor allem deshalb nicht, weil sie schon nach fünf Minuten an die Tür klopft, dringend herein möchte, um sich völlig zufrieden auf der linken Sofaseite niederzulegen, sich ausgiebig zu putzen und anschließend, friedlich eingekringelt, in satten Tiefschlaf zu verfallen.

Keine Spur von Schamgefühl über diese aus menschlicher Sicht evidente Charakterlosigkeit und Inkonsequenz, noch nicht einmal ein vorwurfsvol-

ler Blick wegen der Unhöflichkeit, die man ihr angetan hat – nichts. Wozu also der Aufwand! Ein Rätsel.

Dieses Verhalten kann einen geradezu rasend machen, wenn man sich um eine sinnvolle Platzzuteilung bemüht. Zum Beispiel:
– Katzen lassen Haare. Sind das dunkle oder gar

102

schwarze, so mag das angehen, weil man sie auf dunklem Sofastoff nicht sieht. Sind es hingegen helle oder rote, so sieht man sie sehr wohl und möchte sie nicht sehen, jedenfalls nicht auf dem Sofa.

Das bringt den Katzenfreund dazu, eine Decke auf das Sofa zu breiten, und zwar da, wo die Katze sich gern hinlegt. Muß man sagen, daß die Katze diese Decke meidet wie ein benutztes Klo? Zwar: Dicht daneben legt sie sich, so daß zwischen ihrer Pfote und der Decke höchstens noch ein Millimeter Abstand ist, aber niemals wird sie sich dazu herablassen, sie zu betreten.

Auch betonte Rücksichtslosigkeit ist Bestandteil des eigenen Kopfes, mitunter auch noch hinterhältig verkauft. So kann die Katze aus dem nassen Garten mit entsprechenden schmutzigen Pfoten hereinkommen – erbarmungslos wird sie auf den Katzenfreund klettern, ihm ausführlich ihre Zuneigung demonstrieren, wohl wissend, daß sie ihm Hemd und Pullover bis ins Innerste versaut, aber auch wohl wissend, daß der Katzenfreund jetzt nichts dagegen tun kann. Denn wer ist so gefühllos, einen liebenden Freund wegen einer verdreckten neuen Krawatte von sich zu stoßen! Und jetzt, in dieser Sekunde, will sie ihre Zuneigung loswerden, nicht erst in einer halben Stunde, wenn der Schmutz über den Teppich verteilt ist. Und das, obwohl sie den Freund seit Tagen, als sie sauber und appetitlich war, nur eines knappen Grußes gewürdigt hat.

Überhaupt: Zu gern kaschiert sie den eigenen Kopf mit dem Bedürfnis nach Nähe. Daß sie sich am liebsten dahin setzt, wo sie am ehesten stört, davon sprachen wir schon: auf die Zeitung, auf das Buch, vors Gesicht des Katzenfreundes, damit dieser den Fernsehfilm nur ausschnittweise verfolgen kann. „Schau, hier bin ich", sagt sie, „den ganzen Tag habe ich mich danach gesehnt, bei dir sein zu können – vergiß die blöde Zeitung mit dem spannenden Artikel, und sieh lieber mich dafür an."

103

Zähneknirschend muß der Katzenfreund darüber glücklich sein.

Auch daß sie alles tut, um auf Zuruf nicht zu kommen, haben wir schon erwähnt. Bettelnd steht der Katzenfreund am Fenster. „Nun komm doch, Clemens", ruft er, „ich will jetzt hier zumachen und hab' keine Lust, dich länger zu bitten."
Doch Clemens, eben noch nichts anderes im eigenen Kopf als reinzukommen, bleibt auf halbem Wege stehen, dreht diesen Kopf zur Seite, blickt den Himmel an, dann den Baum, sieht eine Hummel oder so was ähnli-ches, und gönnt dem Katzenfreund keinen Blick, bis dieser fluchend das Fenster schließt und sich ins Nebenzimmer begibt.
Kaum sitzt er da, klopft Clemens an die Tür: Was ist, warum darf ich nicht rein, bin ich plötzlich ein Ausgestoßener oder was?
Der Katzenfreund wuchtet knurrend seinen Leib aus dem Sofa, öffnet die Tür, und schon läuft Clemens behende ins Zimmer und springt auf den Platz, den der Mensch gerade verlassen hat. Es ist der Platz, von dem aus man den besten Blick auf den Bildschirm hat.
Muß sich halt der Katzenfreund auf den harten Stuhl setzen oder sich den Hals ein bißchen verrenken. Soweit wenigstens wird doch seine Liebe noch gehen!

Charakteristisches über Charaktere

Alles, was bisher über die Katze gesagt wurde, stimmt und stimmt auch ebensogut nicht.

Denn *die* Katze ist ein ebenso uneinheitlicher Begriff wie **der** deutsche Gastwirt.

Hier wie da gibt es Unterschiede: Die einen taugen nichts, die anderen haben Ruhetag.

Niemand weiß das besser als der Katzenfreund, der mehrere Katzen auf seinen Sesseln, Sofas, Betten und Stühlen herumliegen hat.

Denn wenn die Katze ein Wesen mit Charakter ist, wie wir aus dem Kapitel über den eigenen Kopf wissen (denn dieser eigene Kopf mit all seinen z.T. seltsamen Konsequenzen muß Ausdruck von Charakter sein, es gibt keine bessere Erklärung) – wenn also bei Katzen Charakter vorliegt, dann liegt es natür-

lich im Charakter dieses Charakters, daß er jedesmal anders zusammengesetzt ist. **Denn Charakter ist etwas Individuelles.**

Es gibt
– *schwierige Katzen,* die einen den Nerv ramponieren können, weil sie nicht wissen, was sie wollen, und wenn sie doch etwas wollen, im Augenblick, wo sie es haben, merken, daß sie eigentlich etwas anderes wollten,
– *problemlose Katzen,* die man kaum bemerkt, die man hochnehmen, herumtragen und bekraulen kann, wann immer man will, ohne daß sie besonders protestieren, und deren eigener Kopf auf ein unabdingbares Minimum reduziert ist,
– *unzufriedene Katzen,* die im Grunde über irgend

Wollen oder nicht wollen – das ist hier die Frage.

105

etwas unglücklich sind und die deshalb schnell zum Jammern sowie zum Kratzen und Beißen neigen, Menschen vergleichbar, die ihr Lebensziel noch nicht erreicht haben und deshalb das, was ihnen das Leben sonst noch bietet, auch nicht wollen,

– *nervöse Katzen,* die immer unter Spannung stehen, stets bereit, irgendeinem eins auszuwischen oder ihn zumindest erbittert anzufauchen,

– *Katzen, die man nicht allein lassen darf,* wenn auch nur etwas Eßbares – und sei es noch so hoch und gut versteckt – in der Küche herumsteht,

– *gemütliche Katzen,* die Sanftmut und Zufriedenheit verströmen, kaum zu kränken sind und sich, in ihrem Korb liegend, gern herumtragen und woanders abstellen lassen, wenn sie mal im Weg sind,

– *verfressene Katzen,* deren ganzes Denken um den Futternapf kreist, die aus tiefstem Schlaf erwachen, wenn in zehn Metern Entfernung und in einem ganz anderen Zimmer eine Dose geöffnet wird, und die sich jeden Trick ausdenken, wie sie an die vollen Teller der anderen herankommen können, ohne daß diese sich wehren,

– *alberne Katzen,* die auch in höherem Alter noch für jede Spielerei zu haben sind, dankbar hinter jedem Pingpongball herrennen, den man über den Teppich rollt, und jeden Finger fangen wollen, der sich unter einer Decke bewegt,

– *seriöse Katzen,* die man auch „erwachsen" nennen könnte, weil sie einen klaren, kompromißlosen Weg gehen, ohne sich in Kleinigkeiten und Kleinlichkeiten zu verlieren, und die auch Anspruch darauf erheben, ernst genommen zu werden. Sie hören zu, wenn man normal und ernsthaft mit ihnen spricht, und reagieren peinlich berührt, wenn man mit ihnen herumspielen will und sie in der Kleinkindsprache anredet,

– *irgendwie unpersönliche Katzen,* die immer auf freundlicher Distanz bleiben, nie verärgert sind, aber auch selten richtig erfreut,

gen Beispielen erken-
nen mag, recht ver-
schieden.
Und sie können auch noch
danach unterschieden wer-
den, ob sie von klein auf im
Haus waren, verwöhnt wurden
und alles hatten, was einer
Wohlstandskatze angeblich
zusteht, oder ob sie nach
einem Leben voll von hartem
Daseinskampf als Unbehau-
ster endlich in einer Familie
Unterschlupf gefunden haben.
Dieser Vergleich – wen würde
es wundern – fällt meist zu
Ungunsten der ersteren aus.
Denn was einem an Wohlle-
ben von Geburt an geboten
wurde, das nimmt man dann
nicht mehr als besondere
Gnade zur Kenntnis, sondern
als Selbstverständlichkeit, auf
die man ein verbrieftes
Anrecht hat.

sondern die eher an guter-
zogene Pensionsgäste erinnern, die nicht mehr tun als
nötig. Und die auch noch
ein paar andere Adressen
haben, wo sie hingehen.
Was sie immer dann tun,
wenn sie nach einem kurzen
Blick in den Napf feststellen, daß sie „auf das da"
gerade keinen Appetit
haben,
– *kluge Katzen,* die eine Tür
fast schon an der Klinke
öffnen können, und
– *dumme Katzen,* die vor
einer spaltbreit geöffneten
Tür stehen, aber nicht
durchkommen, weil der
Spalt nicht breit genug ist
(3 mm fehlen!) und laut um
Hilfe rufen.

Katzen also sind, wie man an diesen weni-

107

Wer dagegen von Abfällen leben mußte, nachts durch offene Fenster schlich, an Schlafenden vorbei, um sich ein fettiges Butterbrot-Papier aus der Küchenabfall-tüte zu klauen, wer sich mit hysterisch schreienden Hauskatzen herumbalgen mußte, von aufgebrachten Wohnungs-inhabern verflucht und mit allem beworfen wurde, was gerade zur Hand war und kaputtgehen durfte, wer in eisigen Winternächten in einem Gartenschuppen campierte und gegen Hunde kämpfte – wer das alles jahrelang nicht nur erlebt, sondern auch noch überlebt hat, der

weiß, was es bedeutet, einen warmen, sicheren Platz zu haben, dazu einen stets gefüllten Napf und einen Menschen, der einem regelmäßig Bart und Bauch krault.

Wir alle sind Produkte unserer Lebensführung, also wollen wir den saturierten Hauskatzen keinen Vorwurf daraus machen, daß sie mit geregelten Whiskas- oder Kitekat-Mahlzeiten, warmen, weichen Sofaecken und pünktlich verabreichten Streicheleinheiten keinen gestählten Kämpfercharakter entwickeln können – auch wir selbst würden schließlich bei einer „Wurm-Kur" an der Seite Rüdiger Nehbergs keine eindrucksvolle Figur abgeben.

Diese „Katzen mit Vorleben" gehören durchweg zu der Sorte der Seriösen, Ernsthaften und Erwachsenen. Albernheiten haben sie sich wahrscheinlich nie leisten können, die Spielerei war meistens Training für den Lebenskampf, und zum Entwickeln von Neurosen hatten sie einfach keine Gelegenheit. Dafür sind es treue Kumpels,

wenn sie sich erst mal eingewöhnt haben und zur Überzeugung gekommen sind, daß man es hier mit ihnen gut meint. Meist schon etwas in die Jahre gekommen, bzw. „vor der Zeit gereift", haben sie auch keinen großen Ehrgeiz mehr zu langen Streifzügen – sie kennen die Welt und die Menschen, und das ist für sie Grund genug, beide nach Möglichkeit zu meiden. Zugleich schließen sie sich ihrem Katzenfreund, der ja oft nicht weniger ist als ihr Lebensretter, innig an und bemühen sich nach Kräften, ihm dafür dankbar zu sein.

Deshalb noch mal: Ehe man sich Ihro Hoheit, Edelprinzessin von Kaschmirshausen, für viel Geld ersteht – **lieber ins Tierasyl gehen und einen alten, eingefangenen Streuner-Kater holen.** Man hat mehr davon (und tut auch mehr Gutes). *Vorausgesetzt natürlich, man ist wirklich Katzenfreund und tut nicht nur so.*

Der treue Kumpel und sein Retter

So kommt eine zur anderen

Welchen Katzentyp man sich ins Haus geholt hat bzw. welcher dem Haus die Ehre seiner Anwesenheit zukommen läßt, indem er der Bitte, näherzutreten und sich's gemütlich zu machen, entspricht, das erfährt man erst nach einiger Zeit:
– bei kleinen Katzen, wenn sie herangewachsen sind,
– bei erwachsenen, wenn sie sich eingewöhnt haben.
Am lehrreichsten freilich ist es, wenn man eine gewisse Anzahl im Haus hat, so daß man die Unterschiedlichkeit im direkten Vergleich erleben kann.

Das ist nicht immer einfach, *denn die meisten Katzen mögen keine Katzen,* und nur solche, die schon an der mütterlichen Zitze Nachbarn waren, bieten halbwegs Gewähr für ein friedliches Zusammenleben.

Wobei aber auch dieses friedliche Zusammenleben für die Wohnung recht strapaziös sein kann – wer begeistert miteinander spielt, kann ähnliche Verwüstungen anrichten wie die, die heftig miteinander kämpfen.
Schließlich kann man auch in voller Eintracht an Vorhängen hochklettern oder das Sofa in einzelne Fäden zerlegen.

Hat man einen im Lauf der Zeit gewachsenen Katzenhaushalt, so regelt sich das Zusammenleben im wesentlichen nach den uralten Prinzipien der Hackordnung. Nämlich:
– Am meisten zu sagen hat der, der am längsten da ist, bzw. der, der am frechsten ist.
– Am wenigsten zu sagen hat der, der zuletzt gekommen ist, bzw. der, der am friedlichsten ist.

Muntere Zimmerschlachten

111

Da im Grunde aber keine Katze friedlich ist, wenn es ans Eingemachte geht, leidet die Friedliche an dem aufsässigen Neuzugang, kann sich aber nicht nachdrücklich genug wehren, frißt ihren Kummer in sich rein und verliert an Lebensfreude und Umgänglichkeit.

In diesem Falle muß der Katzenfreund seelsorgerisch tätig sein, muß Trost und Liebe spenden, den Bösen vor den Augen des Opfers ausschimpfen (wobei sich beide heimlich zuzwinkern) und darauf hoffen, daß die Zeit die Wunde heilt.

Oft tut sie das nicht, denn Katzen können lebenslänglich gekränkt und verfeindet sein. In diesem Fall hilft – wie auch in der Politik der Menschen – ein gemeinsamer Feind von draußen.

Mit anderen Worten: eine dritte Katze.

Vielleicht kommt sie von alleine als Zugelaufene, vielleicht holt man sie als Therapie ins Haus. Obwohl in dieser Situation viele Katzenfreunde sagen: „Um Himmels willen, nur nicht noch so ein Biest, mich machen die zwei anderen schon genug verrückt!"

Kann sein, daß Nr. 3 das Chaos perfekt macht, kann aber auch sein, daß sie die beiden anderen voneinander ablenkt und dadurch die arme alte Frustrierte innerlich lockert. Denn vielleicht ist die Neue ein selbstbewußter, unkomplizierter Typ, der keinem was wegnimmt, sich aber andererseits auch nichts wegnehmen läßt, so daß eine neue Rangfolge installiert wird, die dann für mehr Ruhe sorgt.

Von vier Katzen an aufwärts wird die Lage unübersichtlich.

Natürlich kann man sich diesen Luxus nur leisten, wenn man über einen Garten verfügt, so daß immer ein Teil aushäusig ist. Oder daß man immer ein paar hinaussetzen kann, wenn Aversion oder Übermut ins Kraut schießen.

In einem normalen Mehrkatzenhaushalt gibt es beispielsweise
– einen, der den anderen nach Möglichkeit alles wegfrißt, sonst aber keinerlei Ärger macht,
– einen, der sich, so gut es geht, aus allem raushält und seine eigenen Wege geht,
– einen, der an allem herummäkelt und mal guter Laune ist – bei der er sogar seinen Erzfeind ignoriert – oder schlechter Laune, bei der jeder einen Hieb verpaßt bekommt, besonders der Erzfeind,
– einen, der sich mehr oder weniger als King fühlt, vor dem alle Angst haben (außer vielleicht Nr. 2) und den deshalb auch alle anfauchen. Er ist vielleicht

ein zugelaufener Streuner,
der die Welt kennt und
den nichts mehr aus der
Fassung bringen kann,
– einen, der ein harmloses
Gemüt hat, jeden anderen
begeistert putzt und sehr
irritiert ist, wenn einer das
nicht will – er ist zumeist
ein Typ, der auch von den
aggressiveren unter den
Katzenkollegen gemocht,
zumindest geduldet wird,
– Kätzinnen, die jeden angif-
ten, besonders die andere
Katzenfrau, vielleicht weil
sie sich für sensibel halten
und deshalb ein Recht auf
Launenhaftigkeit zu haben
glauben. Sie springen gern
auf den Schoß des Katzen-
freundes, kuscheln sich ein
und blicken grünäugig
herunter, jeden anzischend,
der vorbeikommt.

Probleme kann es geben,
wenn man das Haus
verläßt und nicht dafür gesorgt
hat, daß mögliche Reibungs-
punkte ausgeschaltet sind.
Denn während der Aggressive
sich durch die Anwesenheit
des Katzenfreundes in seinem
Kampfgeist gebremst sieht
und sich zurückhält, und der

Ängstliche weiß, daß er jederzeit Hilfe herbeischreien
kann, ist die Situation hoff-
nungslos – sowohl für den
Schwächeren wie auch für die
Wohnung –, wenn die
menschliche Autorität nicht
greifbar ist.
Und wer einmal eine Woh-
nung erlebt hat, in der bei
einer heftigen Auseinandersetzung dem Ängstlicheren
der Schließmuskel versagt
hat, wird diesen Alptraum für
Augen und Nase nie mehr
vergessen. Und ab sofort
doppelt und dreifach aufpas-
sen, daß ja nicht mehr ohne
Kontrolle zusammenkommt,
was nicht zusammengehört.

Katzenhaushalte des
geschilderten Umfangs
sind so gut wie nie das Ergebnis einer Planung – niemand,
der Wert darauf legt, nicht
entmündigt zu werden, wird
so was mit voller Absicht tun.
Vielmehr geschieht es ohne
und oft gegen den Willen des
Katzenfreunds, der hier seine
Freundschaft dann doch ein
wenig ausgenutzt sieht.

Auf drei Arten kommt er dann
doch zustande: Katzen werden

114

– selbst geholt,
– von Freunden gebracht,
– kommen von selbst.

Der Anfang ist harmlos: Der Wunsch nach einer Katze wird in die Tat umgesetzt, vor allem weil für diese Tat nicht viel nötig ist.
Hat man eine, denkt man, sie ist glücklicher, wenn sie einen Freund hat. Manchmal ist sie's, manchmal nicht.
Hat man erst mal zwei Katzen, gilt man als „ganz verrückt nach Katzen", was zur Folge hat, daß Bekannte ein verlorenes Kätzchen, das sich im Gebüsch vor der Wohnung oder vorm Büro eingefunden hat und herzzerreißend nach der Mutti schrie (niemand weiß, wie es dahingekommen ist), anbringen – mit den Worten: „Wir können es nicht gebrauchen, weil ja bei uns den ganzen Tag über niemand zu Hause ist, aber ihr habt doch schon ein paar…"
Na schön, sagt man sich, päppeln wir's hoch – aber: Sobald es auf eigenen Füßen stehen kann, suchen wir uns jemand, der es uns abnimmt.
Nur: Wer will es dann, bzw. wem will man es geben, und

vor allem: **Will man es überhaupt jemandem geben?**
Danach bekommt eine der Katzen Kinder – hätte man sich doch mit dem Sterilisieren etwas beeilt! Eines von dem Wurf möchte man natürlich behalten, klar, das ist man der Mutter schuldig (die das aber später keineswegs zu schätzen weiß, denn Katzen hegen keine Gefühle für Verwandtschaft und möchten sie am liebsten an die Luft setzen – ebenfalls eine Eigenschaft, die sie mit dem Katzenfreund gemein haben).
Sind erst mal etliche Katzen da, finden sich auch Freigänger ein – Heimatlose, die ein neues Zuhause suchen, oder auch Wanderer, die mal sehen wollen, was es anderswo gibt.
Über die Auseinandersetzungen, die solche Integrationszwänge provozieren, wurde schon gesprochen. Sie können den Katzenfreund manchmal in die unmittelbare Nähe des Wahnsinns treiben. **Trotzdem ist er ganz durcheinander, wenn mal eines Tages eine wegbleibt.**

Was ist geschehen!?

Keine Verwandtschaftsgefühle

115

Explosionen
und andere Katzenkontakte

Der Rat, Ihrer Katze als Freund und Lebensgefährten eine andere Katze an die Seite zu geben, bzw. zusätzlich zu den zwei, drei bereits vorhandenen einer weiteren Obdach, Kaninchen in Dosen sowie Streicheleinheiten zukommen zu lassen, ist zwar gut gemeint, aber alles andere als leicht zu verwirklichen.

Denn: Die meisten Katzen mögen keine Katzen.
Katzenfreunde unter den Feliden sind eine Seltenheit.
Der Neue „gehört nun mal nicht hierher!" und muß vertrieben werden. Zumindest aber soll er spüren, daß er unwillkommen ist. Also knurrt man ihn an, faucht hinter ihm her und ist mit

dem menschlichen Katzenfreund, der einem so etwas antut, böse.

Langsam nur kann es die Gewohnheit schaffen, eine wechselseitige Duldung zu erzeugen. Und gleichgültiges Aneinandervorübergehen ist oft das Günstigste, was sich erreichen läßt.

Mitunter aber kommt es knüppeldick. Dies ist dann der Fall, wenn in das Revier der zahmen Hauskatze(n), das aus Garten und Terrasse besteht, ein Neuer einbricht.

Hier gibt es nun zwei Möglichkeiten.
Die angenehmere:
– Der Neue ist relativ harmlos und verläßt auch nach kurzer Zeit das Revier wieder, um sich anderen Jagdgründen zuzuwenden – z. B. wieder seinen eigenen.

In diesem Fall kommt es mehr zu verbalen Auseinandersetzungen, die zumeist darin bestehen, daß die eigene Katze hinterm spaltbreit geöffneten Fenster sitzt und hinunterknurrt, von wo der Fremdling mit runden, neugierigen Augen und spitzen Ohren heraufschaut. Kommt man selbst hinzu, kann man den frechen Eindringling mit
– den drohend hervorgestoßenen Worten „Willst du wohl machen, daß du da wegkommst…!",
– einem heftigen Händeklatschen sowie mit
– dem berühmten Verscheuchlaut „Schschsch!!!" in die Flucht schlagen.

Allerdings muß man sich darauf einrichten, daß er wiederkommt. Katzen stören sich nun mal nicht an diesen Worten und Lauten – sie gehen aus Vorsicht und Höflichkeit weg, bleiben aber in erreichbarer Nähe. Nachts kann sich der Auftritt fortsetzen – im Garten, vorm Fenster. Der Schlaf muß dann ein wenig zurücktreten.

Die weniger angenehme Variante sieht so aus, daß der Fremde keineswegs harmlos ist. Vielmehr handelt es sich um einen großen, kräftigen Kater, unkastriert und folglich im Vollbesitz seiner aggressiven Männlichkeit und mit dem festen Vorsatz, auf den Putz zu hauen.

Probieren Sie's mit „Schsch…"!

117

Die eigenen Katzen spüren sofort, daß hier der Ernstfall vorliegt. Hier wird nicht nur geknurrt, hier wird gesungen. Dieses fälschlich Singen genannte Singen schwillt zu einer erschreckenden Lautstärke an und ist im Ton einem herannahenden Tornado vergleichbar.

Auch das Ergebnis unterscheidet sich oft nur wenig von einem solchen. Hier hat man es nicht mit einem frechen Fremden zu tun – hier steht der Leibhaftige persönlich vorm Fenster. Man muß ihn sich nur ansehen, und man weiß alles. **Plötzlich kriegt man es selbst mit**

der Angst – so müssen Stephen-King-Katzen aussehen, ehe sie eine Familie ausrotten.

Kommt es dann wirklich zum Kampf, ist eine zerplatzende Granate nichts dagegen. Es geht um Tod und Leben, und der eigene, etwas dicke und harmlose Mucki hat dabei meist wenig Chancen: Übel zugerichtet bekommt man ihn wieder – den nahen Schocktod in den Augen.

Was kann man dagegen tun?

Um es deprimierenderweise gleich zu sagen: *im Grunde so gut wie gar nichts.*

Man kann
– dem Fremden einen handlichen Eimer Wasser überschütten und hoffen, daß er möglichst viel abkriegt,
– außerdem hoffen, daß er darüber entsetzt genug ist, um nie wieder zu kommen (eine Illusion!),
– hoffen, daß es sich bei seinem Auftritt nur um eine durchziehende Gewitterfront handelt,
– die Fenster nachts schließen, was aber schwer

ist, wenn man offene Fenster liebt und auch die eigenen Katzen es gern benutzen,
– nach mehrmaligen Auseinandersetzungen (die auch schon mal in der eigenen, nächtlichen Wohnung stattfinden können, in die der Fremde auf Nahrungssuche eingedrungen ist!) den inneren Katzenfreund besiegen, sich mit einem Gewehr auf die Lauer legen und den Bösen abknallen.

Allerdings:
– man hat kein Gewehr,
– man möchte nachts schlafen
und nicht auf der Lauer
liegen,
– man liegt auf der Lauer, und
er kommt nicht,
– er kommt, aber man trifft
nicht – jedenfalls nicht ihn.

**So bleibt nur eines:
zähmen.** Denn einen Feind,
den man nicht besiegen kann,
soll man sich zum Freund
machen.
Handelt es sich nämlich um
einen Heimatlosen – und nur
ein Heimatloser bleibt in Kat-
zenhaus-Nähe, weil dies auch
Futternähe bedeutet –, so ist
er dem Fressen gegenüber
zugänglich, und Dosenfutter
kann seine rauhe Seele
besänftigen. Allmählich
schöpft er Vertrauen, man
kann ihn schon mal etwas
streicheln, und so gewöhnt er
sich mehr und mehr ans
Haus. (Was die anderen Katzen machen, interessiert uns
jetzt mal nicht!).
Und irgendwann liegt er
neben einem im Bett und hält
allein durch sein Vorhandensein alle anderen Hauskatzen
davon ab, nachts nach Belie-

ben durch dieses Fenster zu
kommen, Mäuse mitzubringen
oder sonstwie zu stören. Ein
echter Gewinn also.

Nach Jahren ist so etwas
wie interner Burgfrieden
geschlossen, er wird dicker,
hat längst seine Männlichkeit
beim Tierarzt abgeliefert und
ist von Streicheleinheiten ver-
zärtelt. Und wenn dann wieder mal ein frecher Eindringling kommt, versteckt er sich
knurrend hinterm Fenster –
längst nicht mehr fähig, sich
dem Kampf zu stellen. Alles
beginnt von neuem.
***Aber immerhin: Die Jahre
dazwischen hat man
Ruhe.***

Aus Feind mach
Freund!

120

„... hört nicht auf den Namen Schröder!"

Zu den größten Schocks, die den Katzenfreund treffen können, gehört:
Die Katze kommt nicht mehr.
Genauer gesagt: Sie kommt nicht. Ob sie nicht mehr kommt, weiß man noch nicht. Man befürchtet es nur. Zumindest sagt man sich: Es muß ihr was passiert sein! Das heißt: Zunächst weiß man noch nicht einmal, ob sie nicht kommt, sie ist nur nicht da, obwohl sie sonst immer da ist. Oder wenigstens zwischendurch mal hereingeschaut hat, und auf gar keinen Fall hätte sie den Abendbrottermin versäumt.
Was macht der Katzenfreund in diesem Fall?
– Zuerst sagt er sich, daß es noch gar keinen Grund gibt, um sich aufzuregen, weil Katzen gehen und kommen, wann sie wollen. Daß sie um diese Zeit immer da war, ist also kein Argument dafür, daß sie auch heute dazusein hat.
– Dann sagt er sich, daß Katzen niemals ohne triftigen Grund von ihrer Gewohnheit abweichen. War sie jeden Tag um diese Zeit da, so sollte man sich durchaus Sorgen machen, wenn sie heute nicht da ist.
– Von da an ist ihm der Spaß am Fernsehen etwas verleidet. Innerlich abgelenkt, kann er dem Geschehen am Bildschirm nur unzureichend folgen. Ständig kreist der Gedanke in ihm: Was ist mit ihr (oder mit ihm)?
– Nachdem auch der letzte Termin, den er sich gesteckt hat, verstrichen ist (bei manchen Katzen können das Tage sein, bei manchen nur Stunden), geht er soweit, zu hoffen, daß ihr

Freudloser Abend

121

Ende schnell und schmerzlos war.

Dabei sind natürlich die äußeren Lebensumstände entscheidend. Bei Katzen, die an Hauptstraßen wohnen und sich mit dem ungefährlichen Garten hinterm Haus nicht begnügen, sondern in den auf der anderen Straßenseite wollen, findet diese Angst täglich statt. Hier ist die Überraschung größer, wenn sie kommen, als wenn sie ausbleiben.

Leben sie hingegen in einer ungefährlichen Gegend, weitab von Autos und anderen Schädlingen, darf man

sich bereits nach einer Viertelstunde über die Zeit Gedanken machen.

Wir machen uns also Gedanken, und vor allem machen wir uns Gedanken darüber, was wir sonst noch machen können.

Hier bieten sich folgende Möglichkeiten an:
- abwarten und an was anderes denken,
- hoffen, daß sie in den nächsten Minuten kommt, vielleicht erst heut' nacht oder aber gleich morgen früh,
- die Sache philosophisch nehmen und sich sagen, daß alles mal ein Ende hat. Kommt's nicht jetzt, dann später. Kommt's hingegen früher, hat man's schneller hinter sich. Eigentlich muß man direkt froh sein,
- annehmen, daß sie einen schöneren Platz gefunden hat, ein Zuhause, wo sie sich wohler fühlt, wenngleich einem dieser Gedanke mit einem gewissen Groll erfüllt, der aber den Abschied wiederum etwas leichtermacht – wer nicht will, bitte sehr,

- sich Geschichten von Katzen ins Gedächtnis zurückrufen, wonach diese mitunter verschwinden können, um nach Wochen, wieder aufzutauchen,
- sich vorsagen, daß Katzen sieben Leben haben. Verlieren sie jetzt eins, bleiben immer noch sechs,
- sich vornehmen, *Konkretes* zu tun. Nämlich
  - gleich noch mal vor die Tür gehen und laut rufen,
  - morgen in der Nachbarschaft fragen,
  - im Tierheim anrufen, ob Neuzugänge zu verzeichnen sind: ca. 4 Kilo schwer (nein, besser 5!), grauweiß…
  - eine Anzeige formulieren: Grauweißer Kater entlaufen, hört nicht auf den Namen Schröder…
  - den gleichen Text an Zäune, Pfosten und andere Stellen anpinnen sowie ans Schwarze Brett im Supermarkt.
  - die anderen Katzen fragen, ob sie was wüßten, wobei man aber nichts anderes zu hören bekommt als: Jeder, der wegbleibt, ist uns recht!

Sechs Leben reichen auch.

123

– erneut rausgehen und rufen, diesmal lauter. Irgendwie übersteht man die Nacht. Am nächsten Tag das gleiche: Alle kommen, nur er (sie) nicht.
Tage gehen ins Land. Hatte man am ersten Tag noch Unzuverlässigkeit gelten lassen, am zweiten Tag Abenteuerlust, die sich in einem etwas weiteren Aktionsradius äußert, am dritten sich gerade noch eingeredet, sie mache woanders Urlaub vom Gewohnten, und am vierten,

bei Katzen sei alles möglich, und war sie nicht vor Jahren auch mal ein paar Tage…, oder war das nur eine Nacht gewesen?, so beginnt man am fünften, die Hoffnung zu begraben.

Es ist besser, sagt man sich, den Dingen ins Gesicht zu sehen, sich mit den Tatsachen abzufinden, statt immer noch blasse Spekulationen zu nähren. Man kann es nicht ändern, man muß kein schlechtes Gewissen haben, man hat alles getan, war immer besorgt – *aber letztlich: Jeder muß sein Leben selbst leben, jeder muß selbst sehen, wie er klarkommt, so ist das nun mal.*
Und eine Katze weniger, das hat ja auch gewisse Vorteile. Vor allem Schröder und Moskito haben sich immer gehauen – ist einer von beiden weg, wird nun wenigstens Frieden einkehren. Und über die Zeit, die er hier verbringen durfte, kann er sich weißgottnicht beklagen – man muß das auch mal so sehen. **Die Geschichte hat zwei mögliche Endfassungen:**

1. *Eines Tages (oder eines Nachts) taucht er (sie) plötzlich wieder auf,* ohne eine Spur von schlechtem Gewissen. Und wie immer gilt der erste Weg dem Napf. Daß inzwischen mehr als drei Wochen vergangen sind und der Katzenfreund grauhaarig geworden ist, hat der Katzenkopf nicht realisiert. Und niemals wird man erfahren, warum er (sie) so lange weg war und vor allem: wo? wo??

2. *Es gibt kein Wiedersehen.* Wehmütig betrachtet man Fotos und ruft sich bestimmte Szenen in Erinnerung, die man jetzt rührend verklärt. Man hofft, daß er (sie) vergnügt in freier Wildbahn lebt oder in einem ordentlichen Zuhause oder daß, wie gesagt, der Tod schnell war. Immerhin: Eine Leiche wurde nicht gefunden, und – so jedenfalls weiß man's aus US-Krimis – ohne Leiche kein Toter und somit auch kein Mord. Es ist also noch alles möglich – und vielleicht klopft es morgen schon an die Tür!

„Da bin ich wieder. Is' was?"

125

Stille Stunde zu zweit

Immer wieder kann man lesen, daß die Gesellschaft einer Katze für den Menschen eine gesundheitsfördernde Wirkung hat. Seelen entspannen sich, Blutdrücke sinken, und Aggressionen verflachen zu einem sanft-nachsichtigen Lächeln.

Und das alles nur, weil die Hand einige Male über das Katzenfell streicht, weil der (oder die) Gestreichelte wohliges Schnurren von sich gibt, und weil grüne, etwas geschlitzte Augen mit jener Mischung aus Gleichmut, Zuneigung und Geheimnis den Streichelnden anblicken. **Ruhe breitet sich aus, äußere ebenso wie innere.** Genauer gesagt: innere, weil äußere stattfindet. Hier zahlt es sich aus, daß man sich für einen Freund entschieden hat, für den Hektik und Lautsein Fremdworte sind, der nichts mehr schätzt als Ruhe und der deshalb ideal ist für jeden, der in diesem Punkt genauso denkt.

Die Frage ist nur: Trägt jeder Mensch diesen Wunsch mit sich herum, und wird nur der Katzenfreund in die Lage versetzt, ihn auszuleben, oder ist in dieser Hinsicht die Menschheit gespalten und findet nur der zur Katze, der diese Sehnsucht nach Stille enthält, während der andere lieber bei einem fröhlich bellenden und schweifwedelnden Genossen zu sich findet?

Mit anderen Worten: Wären Hundebesitzer auch mit Katzen glücklich, und könnten, umgekehrt, auch Katzenfreunde sich an Hunde gewöhnen? Gewiß, manche haben sowohl als auch. Aber das erscheint ebenso konzeptions-

Stille oder Gebell?

127

los wie der Pantheismus – Tierliebe pauschal, genauso unspezifisch über alles gegossen, wie dies manche Köche mit ihrer Soße tun. Ein Hobby eher für Liebhaber gemischter Raubtiergruppen.

Im Grunde, so scheint es, ist es eine Frage der Mentalität:
Hunde haben es am liebsten, wenn Herrchen mit ihnen Gassi geht, sprich: durch Wald und Wiese läuft, Stöckchen wirft und „Such's!" ruft. Der Hund ist also mehr etwas für Bewegungstypen. Für Leute, die sich in der Welt wohl fühlen und sich möglichst oft in ihr herumtreiben. Leute also, die das schätzen, was neudeutsch „äktschen" heißt. In der Werbung zeichnen sie sich aus durch kantige Gesichtszüge und dominieren deutlich am großen Besprechungstisch. „Aktiv meistert er das Leben, seine Karriere ist programmiert. Seinen Erfolg sichert er planvoll ab mit einer Lebensversicherung bei der Butzbach-Friedberger. Natürlich einer dynamischen, die sich seinen Erfolgen anpaßt."

Katzen hingegen lieben es vor allem, auf dem Sofa zu liegen, den Katzenfreund in erreichbarer Nähe – das ist alles, darin besteht ihr Glück, so wenig brauchen sie im Grunde nur.
Und auch der Katzenfreund ist demzufolge weniger ein aktiver als ein kontemplativer Charakter – er will nicht am Palisander-Tisch dominieren, sondern auf dem Sofa träumen. Nicht immer, denn sonst könnte er die vielen Dosen Katzenfutter gar nicht bezahlen, aber eben zwischendurch.

Wann immer der Hundebesitzer Stöckchen wirft, sitzt der Katzenfreund auf weichen Kissen, krault ein bißchen der Katze das Fell, schaut dabei aus dem Fenster oder vielleicht auch nur auf die gegenüberliegende leere Wand, denn die Welt im Kopf braucht keine äußeren Impulse. Im Gegenteil: Je weniger man sich ablenkt, um so deutlicher sieht man sie.
In solchen Situationen nähert sich der Katzenfreund dem Philosophen – kurzfristig blickt er der Welt

und dem Leben auf den Grund. Und was er da sieht, läßt ihn lächeln, auch wenn er deswegen kurz vorher vielleicht noch mit Mordabsichten unterwegs war. Es lohnt nicht – jetzt weiß er es.

Denn wenn man von oben auf die Dinge draufblickt, zeigen sie ihren wahren Charakter. Zum Beispiel:
- sie gehen vorbei,
- sie sind selten so wichtig, wie sie tun,
- Licht und Schatten wechseln ab,
- schöne Frauen/Männer machen auch nur glücklich, solange sie neu sind,
- wozu einen großen Mercedes, wenn man noch nicht mal für seinen Kleinwagen einen Parkplatz findet,
- der Tod ist gar nicht so schlimm, wenn man ihn erst mal hinter sich hat,
- der Chef wird nächstes Jahr sowieso in die amerikanische Zentrale versetzt,
- Evelyn ist von ihrem Traummann geschieden und rennt ihrem Unterhalt hinterher,

- die schreckliche Geschichte mit dem Geschäftsbericht vom letzten Jahr liegt nun auch schon wieder ein Jahr zurück,
- Clausnitzer ist zwar befördert worden, befindet sich jetzt aber mit einem Herzinfarkt an Schläuchen,
- in Wenzels Ferienhaus in der Toskana ist schon wieder eingebrochen worden,
- Rolfs Bauherrenmodell hat sich als ganz schöne Pleite herausgestellt,
- Harrys Superkunde hat schon nach einem Jahr wieder gekündigt ...

Was ist – ach du möchtest mal was zu essen? Gute Idee, hol' ich mir auch gleich 'n Bier.

Und beide, Katze und Katzenfreund, begeben sich zur Küche. Vor dem Fenster wirbeln Schneeflocken. Schön, daß man jetzt nicht mehr weg muß!

Wen wundert's, daß sich dabei der Blutdruck senkt, die Kranzgefäße entspannen und das Adrenalin sich noch mal auf die andere Seite legt? Dem dominierenden Mann am Besprechungstisch kann man solche Stunden nur empfehlen. Aber er würde ihre Chancen vermutlich gar nicht ergreifen – einschlafen würde er, aus Erschöpfung vor lauter Dominanz!

Schmerz, laß nach!

Die verbreitetste Krankheit bei Zivilisationskatzen ist *Übergewicht.* Darin ähneln sie dem Katzenfreund.
Und wie bei diesem muß auch bei ihnen dieses Übergewicht nicht unbedingt lebensverkürzend wirken. Die vielen ausgesetzten und in Abfalltonnen wühlenden Katzen beweisen es: Sie sind zwar gertenschlank und haben Rippen zum Nachzählen, aber ihre Lebenserwartung ist nicht eben bedeutend.

Dick und zufrieden ist da wesentlich besser. Man lebt länger, und irgendwie hat man auch mehr vom Leben. Da können die Drahtigen sagen, was sie wollen.
Trotzdem: Bei Katzen, die nur in der Wohnung leben und demzufolge zur Trägheit neigen bzw. um solche gebeten werden – weil großes Temperament hier schädlich sein kann –, ist ein gewisses Maßhalten angebracht.

Und da der Katzenfreund von einem unverständigen Tier nicht mehr verlangen sollte, als er selbst auch zu tun bereit ist, wird auch er vielleicht mit der Zeit schlanker.
Katzen, die in Gärten herumspazieren, sind hier etwas besser dran. Allerdings nur etwas, denn sie bewegen sich durchweg gemächlich, so etwa

131

mit der Geschwindigkeit eines gichtkranken Rentners. Da werden wenig Joule aufgebraucht, vor allem dann nicht, wenn man in Form einer fetten Maus zwischendurch für Nachschub sorgt.

Fette Maus als Nachschub

Um andere Krankheiten, internistischer Art, zu vermeiden, sollte man die Katze zum Tierarzt bringen und den TÜV machen lassen. In Form von Impfungen: *gegen Katzenseuche und gegen Tollwut* (bei freilaufenden).

Andere Äußerungen von Katzen, die auf Störungen schließen lassen können (nicht müssen), sind:

– Würgen und Erbrechen: Haare, Gras, Mäuseteile, andere Essensreste. Kommt immer wieder mal vor und bedeutet meistens nichts.

– Husten und Schnupfen: äußert sich wie beim Menschen, geht wahrscheinlich auch so vorbei, doch kann etwas pharmakologische Hilfestellung nichts schaden.

– Verletzungen durch Stacheldraht oder Kampf: vorsichtig mit Wattestäbchen säubern, desinfizieren und regelmäßig nachsehen.

Wunde offenlassen, damit Luft drankommt und sich nichts darunter bilden kann.

– Manche Verletzungen sieht man auch nicht, weil sie vielleicht nur in einem winzigen Stich bestehen, unter dem sich aber ein Eiterherd gebildet hat. Symptome: Appetitlosigkeit, jammriger Ton, Scheu vor Berührungen. In diesem Fall: vorsichtiges Abtasten des ganzen Körpers, bis man die dicke Stelle findet. Dann Ausdrücken mit viel Papiertaschentüchern und guten Nerven, denn der Patient ist nicht geduldig und denkt auch gar nicht daran, einsichtig zu sein und den Schmerz zu verbeißen. *Deshalb sind hierfür zwei Katzenfreunde nötig:* Einer „operiert", der andere hält den Patienten und redet ihm gut zu. Nach erfolgreicher Verarztung fühlt sich die Katze auch gleich besser. Beobachten und wenn es nicht ausheilt, den Tierarzt aufsuchen.

– Verstauchungen und Brüche. Symptome: Katze

hinkt und faucht, wenn man sie anfaßt. Zum Tierarzt gehen, um herauszufinden, was es ist. Tierärzte sind gewissenhafte Menschen, die für ihr Honorar was tun wollen. Deshalb verbinden sie aufwendigst das verletzte Bein. Leider umsonst, denn kaum zu Hause, tut

die Katze alles, um den Verband wieder abzureißen und abzuschütteln. Ein Jammer um die teure Arbeit.

Auch Halskrausen, die verhindern sollen, daß sich Katzen an bestimmten Stellen aufkratzen können, sind gut gemeint, sehen auch putzig aus, machen aber Katzen rasend. Besser drauf verzichten und kratzen lassen. Denn was hat man von einer geheilten Katze, die für den Rest des Lebens verrückt ist?
– Zahnschmerzen: liegen meist dann vor, wenn die Katze beim Kauen jammert und faucht. Sollte sich der Tierarzt ansehen.

Überhaupt: Katzen und Tierarzt – ein Kapitel für sich.
Denn: Katzen ahnen, was auf sie zukommt, und haben davor genauso viel Angst wie kleine Kinder: der Geruch, der weiße Kittel, der Untersuchungstisch, die gräßlich blitzenden Instrumente, die unheilschwangere Atmosphäre im Wartezimmer, wo Menschen in gedämpftem Ton beruhigend auf nervöse Pudel, schlotternde Doggen, federnsträubende Aras und anderes Getier einreden – unangenehm!

Und das weiß man schon zu Hause. Denn warum bekommt man ein Geschirr angelegt oder wird in den Tragekorb gepackt, wenn es nicht dahin geht, wo man letztesmal schon solche Angst hatte!

133

Da gibt es nur zwei Mittel: jetzt alles tun, um nicht in den Korb hineinzumüssen, und dort nach Möglichkeit nicht herausgehen, notfalls die Hand, die reingreift und einen gewaltsam rausholen will, kräftig kratzen.

Nun ja – nichts hilft, sie drehen den Korb auf den Kopf und schütteln einen heraus wie Müll aus einem Eimer. Dann kommen diese geschäftsmäßigen Veterinärhände, packen zu, tasten ab, fremde Stimmen sprechen Fremdworte, Spritzen werden aufgezogen und einem ins Genick gepikst, und dafür blättert der Mensch, den man für seinen Freund hielt, auch noch Scheine hin. Kein Wunder, daß man da Pupillen kriegt, groß wie Untertassen. Und wenn's dann vorbei ist – nichts wie rein in den rettenden Korb und dann bitte nie wieder hierher! Es ist zwar nicht schlimm gewesen – aber das war reiner Zufall. Wer weiß, was beim nächsten Mal passiert, und ob man dann wieder so gut wegkommt.

Urlaub – nein, danke!

Wegfahren – ob zum Tierarzt oder ins Engadin: Nichts hassen und fürchten Katzen mehr als das. Denn Katzen sind sowohl Einzelgänger wie auch Raubtiere. Und als solche haben sie ein Revier, in dem sie sich auskennen und das sie am liebsten niemals verlassen möchten.

Schlimm genug, wenn der Katzenfreund umzieht, so daß man sich neu eingewöhnen muß. Was den reinen Wohnungskatzen relativ leichtfällt, während Garten- und Freilandkatzen erst mühsam daran gewöhnt werden müssen.

(Wobei es übrigens nicht stimmt, daß die Katzen – im Gegensatz zum Hund – nur das Haus lieben, nicht aber den Menschen. Sie mögen den Menschen – so sie ihn überhaupt mögen – schon mehr als die Umgebung und sind auch bereit, sie mit ihm zu wechseln. Aber begeistert sind sie nicht, und wenn's geht, sollte man die Umzieherei nicht übertreiben!)

Beim Hund, als Rudeltier, das in seiner Wolfsausgabe gern nomadisierend durch die Welt zieht, mag das anders sein. Hier kann man echte Auto-Fans treffen, die am liebsten den ganzen Tag in der Welt herumfahren. Bei Katzen hingegen –
Urlaub – nein, danke.
Was aber macht der Katzenfreund, wenn er dennoch mal das Mittelmeer, die Dolomiten oder die Nordsee besuchen möchte?

Folgende Möglichkeiten bieten sich an:
– Er überlegt sich, was heutzutage bei dem Touristen-

My home is my castle.

135

aufkommen an Nordsee, Mittelmeer und Gebirge noch schön sein soll, vor allem, wenn man an die Autobahnstaus denkt, und bleibt lieber bei seiner Katze zu Hause.

– Er bespricht sich mit seinem Ehepartner, und man einigt sich auf getrennten Urlaub: erst der eine, dann der andere. So ist die Katze nicht allein, und man kann beruhigt in der Sonne liegen. Was man sonst noch aus der ungewohnten Situation macht, kommt auf einen selbst an sowie auf die Gelegenheiten.

– In der Familie befinden sich halbwegs erwachsene Kinder, die man alleine lassen kann – vor allem mit einer Katze. Und die außerordentlich froh sind, hier einen guten Grund zu haben, mal nicht mit der ganzen Familie in Urlaub fahren zu müssen.

– Man verfügt über einen Garten, ein vergittertes Fenster, das man für die Katze offenlassen kann, sowie über einen Nachbarn, der

nicht nur die Pflanzen gießt, sondern auch morgens und abends die Fütterung übernimmt und nach dem Rechten sieht.

– Man hat Bekannte, die sehr nett sind, ohne daß einen der Verlust dieser Bekanntschaft sehr tief treffen würde. In diesem Fall kann man sie bitten, ob sie nicht für die drei kurzen Wochen ... Meist wird dieser Bitte entsprochen, *denn nette Leute haben auch meist eine Schwäche für Katzen.* Ob die Katzen

diese Schwäche teilen, bleibt dahingestellt. Und ob sie sich so benehmen, daß man auf sie stolz sein kann, ist ebenfalls die Frage. Eine Privat-Haftpflichtversicherung (nachsehen, ob die Prämie bezahlt ist!) kann ebensowenig schaden wie ein großer Bekanntenkreis, wo man sich Nachschub holen kann.

Klappt die Sache hingegen, und beide Parteien – Bekannte wie Katze – sind voneinander angetan, kann man diese Möglichkeit immer nutzen. Eine gute Lösung für die Zukunft!

– Man erkundigt sich nach einer Katzenpension, wo man Katzen für die Urlaubszeit unterbringen kann. Gewiß besser als nichts, aber die Frage bleibt doch, ob der Freund nicht trauert – schließlich weiß er ja nicht, warum er ausquartiert wird, und ob man ihn überhaupt wieder abholt. Und am Strand liegen und immerzu quälende Gedanken und ein schlechtes Gewissen verdrängen müssen... kein Vergnügen!

Hoffentlich bezahlt?

– Mitnehmen. Leicht gesagt,
aber schwer gemacht. Denn

1. haben Reiseländer unter-
schiedliche Bestimmungen,
was die Einfuhr von Tieren
angeht. Dann braucht man

2. nachgewiesene Impfungen,
mitunter Impfzeugnis und
Gesundheitszeugnis.

3. muß man sich im Hotel
erkundigen, ob man Katzen
mitbringen darf.

4. ist die Fahrt bereits eine
Strapaze, denn Katzen –
sonst die reinen Schlaftiere
– schlafen natürlich jetzt
nicht, sondern weinen vor
sich hin, sind unruhig, wol-

len auf den Topf und müssen ständig unter Kontrolle gehalten werden, damit sie an Rastplätzen oder Tankstellen nicht auf und davon gehen.

5. geht das gleiche im Hotel bzw. in der Ferienwohnung nahtlos weiter, denn: was soll die Katze den ganzen Tag über da tun? Läßt man sie raus, fragt sich's, ob man sie wiedersieht. Und nimmt man sie an den Strand, so hat man keine Ruhe – und die Katze auch nicht. *Kurz: Es ist kein Vergnügen, weder für den einen noch für den anderen.* Bei vorwiegend

stillen und trägen Zuchtpersern mag das noch anders sein, aber bei vitalem Deutschem Kurzhaar empfiehlt es sich nicht.

Jedenfalls: Wenn man sich überlegt, was der Katze alles auf die Nerven geht in einem Urlaub – von den Vorbereitungen über die Reise selbst bis zum Aufenthalt am Platz –, stellt sich sehr schnell die Frage, ob das einen nicht auch nervt, wenn man sich's mal ganz genau überlegt. Und dann nimmt man vielleicht doch die erste Lösung: *Man bleibt zu Hause. Gemeinsam.*

Vom Nachbarn, der das Kätzchen nicht gewollt

Angeblich ist die Katze das beliebteste Tier der Deutschen und hat in dieser Hinsicht ihren schärfsten Konkurrenten, den Hund, bereits abgehängt. Die Nichtkatzenfreunde sind die raren Ausnahmen.

Bedauerlicherweise wohnen diese wenigen Ausnahmen immer links und rechts von einem bzw. über oder unter uns.

Denn für viele sind Tiere im Haus – oder im Haus daneben – noch immer ein Grund zum Murren. Sieht man im Besitzer eines bellenden Hundes wenigstens den guten deutschen Menschen, so haftet dem Katzenfreund noch immer etwas Welsches, Lateinisches und Unberechenbares an.

Gerade weil Katzen so leise sind, erregen sie Mißtrauen. Der auf Samtpfoten Einherkommende ist verdächtig – wäre er sonst so geräuschlos? Außerdem sind Katzen falsch, fressen Vögel und verscharren ständig etwas – sehr verdächtig! Und das alles tun sie „immer in unserem Garten"! Ganz abgesehen davon, daß „kürzlich vor unserer Tür eine halb aufgegessene Maus gelegen hat, scheußlich"!

Dagegen kann man sich nicht wehren, also greift man zu **diplomatischen Methoden.** Beispielsweise – **Man lügt.** Auf diese Möglichkeit wurde bereits hingewiesen: *„Nein, das war unsere nicht, sondern die von dahinten, die sieht genauso aus. Das ist überhaupt eine ganz Freche!"* – **Man schmeichelt sich ein.** *„Da haben Sie völlig*

Regel Nr. 1: lügen!

recht. Ich finde das auch schrecklich und hab's ihr schon x-mal gesagt. Sie tut es auch nur noch ganz selten."

– **Man macht auf Mitleid.** *"Ach ja, die ist schon so alt, wir können sie doch nicht einschläfern lassen. Aber sie kann kaum noch laufen und geht so gut wie nie aus dem Haus."*
– **Man macht aus dem Nachteil einen Vorteil.** *"Ja, das kann sein, daß das unserer war – aber immerhin hält er alle anderen Katzen fern. Wissen Sie noch, wie das früher war? Ständig ein reiner Katzenzirkus. Aber seit wir ihn haben, getraut sich keine andere mehr her, der schlägt alle in die Flucht!"*
– **Man solidarisiert sich.** *"Lassen Sie sich das bloß nicht gefallen! Wenn Sie das wieder mal sehen: einfach eine Schaufel Sand nach ihr werfen oder in die Hände klatschen und ,Sch-sch!' rufen."*
– **Man versucht zu missionieren.** *"Ja, manche Untugenden haben die schon, aber andererseits: Katzen sind so was von angenehm, ich hab' jetzt*

gerade gelesen, daß eine Katze einen Autisten geheilt hat – er hat sie gestreichelt, und plötzlich konnte er wieder reden."

– **Man droht mit Schlimmerem.** *„Ja, die Katze ist uns mal zugelaufen, und da haben wir sie behalten. Unser Klaus hat ja eigentlich immer einen Hund gewollt, aber ich finde, die machen immer so 'nen Krach mit ihrem Gebell. Wenn wir heute unseren Kater nicht mehr haben, kann es sein, daß wir dann einen Hund nehmen."*

– **Man ist zerknirscht und flüchtet in die Umarmungstaktik.** *„Wenn Sie wüßten, wie unangenehm mir das ist, also wirklich, das ist ja fürchterlich, wie kann ich das nur wieder gutmachen!"* Dann kommt man mit Blumenstrauß und Sektflasche und entschuldigt sich nochmals. Resultat: Der andere muß einem vergeben – und er kann sich nicht gleich wieder beschweren, denn sonst sieht es so aus, als sei er scharf auf Blumen und Sekt!

– **Man differenziert.** *„Der Rote war das? Ja, der, der gehört eigentlich gar nicht uns. Uns gehört nur die dicke Schwarze, die aber nie weggeht. Der Rote kommt halt immer mal vorbei, bleibt ein paar Tage, und dann geht er wieder. Er gehört, glaub' ich, zu den Leuten, die in Nr. 28 wohnen, also ganz da vorn."*

– **Man nervt seinerseits.** *„Gehst du her, du schlimmes, schlimmes Katerchen! Du sollst doch nicht in anderer Leute Gärten gehen, wie oft hab' ich dir das schon gesagt! Aber wenn du einen so ansiehst, wer kann dir da schon böse sein? Haben Sie mal gesehen, Frau Diemers, er hat ein grünes und ein blaues Auge ... Aber Sie haben natürlich recht, wenn Sie über ihn schimpfen, so was tut ein wohlerzogener Kater nicht. Nein, nein!"*

„Gehört in Nr. 28!"

143

– **Man schlägt zurück.**
*„Und dabei hat der gute
Minko so viel Angst vor
Ihrem Bello. Als der
kürzlich durch das Loch
dahinten im Zaun in
unseren Garten gekom-
men ist und dort bei dem
Holunder sein Geschäft
gemacht hat ... Nein,
macht doch nichts, halb
so schlimm! ... Da ist
unser Minko vielleicht
mit Volldampf durchs
Fenster rein. Mich wun-
dert's, daß der sich
überhaupt zu Ihnen
rübertraut."*

– **Man hat Glück und sitzt
gerade am langen
Hebel.** *„Übrigens hab'
ich vorhin den Mann von
dem Möbelgeschäft bei
Ihnen reingelassen. Er
hat das Bücherregal
gebracht, und wir
haben's mit ihm zusam-
men hochgetragen und
auf Ihre Terrasse
gestellt ... Nein, keine
Ursache, haben wir doch
gern getan. Den Rest
bringen sie Montag, kein
Problem, wir sind ja da.
Aber Sie wollten noch
was sagen..."*

Gute Ausreden und Argu-
mente sind hier Gold
wert. Wenn Sie aus Ihrer Praxis noch ein paar wissen –
bitte beim Verlag melden.
Wenn genügend zusammen-
kommen, werden sie bei der
nächsten Auflage gern
berücksichtigt.
*Aber bitte: keine Krän-
kungen* – es muß ohne Amts-
gericht abgehen, denn wie
man weiß: Dort verlieren Katzen und Katzenfreunde regelmäßig. Deutschlands Richter
werfen, wie's scheint, lieber
Stöckchen.

144

Erste Wochen, letzte Stunden

Eingefaßt von den Eckpfeilern Geburt und Tod erstreckt sich das Katzenleben über 15 bis 20 Jahre, was einem Menschenalter von 80 bis 100 entspricht.
So machen Katzen mit einem Jahr ihr Abitur (sie sind jetzt 18), mit fünf Jahren kommen sie in die Midlife Crisis (40!) und mit zehn Jahren (gleich 60) beantragen sie ihre Rente. *Man hat's also schon nach wenigen Jahren mit Erwachsenen zu tun,* und noch ein paar Jährchen weiter, und unser Puschel ist ein älterer Mann oder eine ältere Frau.
Dies möge man sich ab und zu mal vergegenwärtigen, wenn man mit ihm spricht, denn es sollte unser Verhalten beeinflussen.
(Allerdings gibt es Kater, die nach dieser Rechnung 50 sein müßten und dennoch so wirken, als wären sie gerade mal so alt, wie sie wirklich sind: höchstens acht!).

Zunächst aber sind diese älteren Herrschaften kleine Wollknäuels, die nach ca. 65 Tagen Tragzeit in einer Ecke der Wohnung das Licht der Welt erblicken, die von der Katzenmutter umsichtig ausgewählt wurde.

Und auch vom Licht der Welt kann zunächst noch keine Rede sein, denn die Augen öffnen sich erst nach etwa acht, neun Tagen.

Blauäugig und tapsig stolpert auch der durch die Stube, der ein paar Jahre später der Schrecken des Bezirks ist und nichts Blauäugiges mehr an sich hat.

Vier bis sechs Kinder umfaßt so ein Wurf, und: Es können sogar mehrere Väter in Frage kommen – Mucki und Flocki, obwohl Geschwister, können dennoch nur Halbgeschwister sein, denn rollige Kätzinnen nutzen die Zeit, und da bei jedem Händchenhalten ein Eisprung erfolgt, kann also das Ergebnis recht bunt gemischt sein.

Erfreulicherweise gibt es aber bei Katzen keine juristischen Probleme – weder Alimente noch Erbschaften werden verteilt, und das einzige Erbe, das Katzen mitkriegen, zeigt sich am Fell oder im Charakter. Und wer will da nachforschen.

Noch nicht einmal die Kater-Väter wissen das – womöglich sitzen sie an der Theke, renommieren mit ihrer Eroberung und haben keinen blassen Schimmer, daß es

sich um ein und dieselbe Schwarz-Weiße handelt.
In den ersten Wochen nach der Geburt
– kommen die Milchzähne,
– muß – ab der 4. Woche – Dosenfutter zugegeben werden,
– soll eine Wurmkur stattfinden (7. Woche),
– ist die 1. Impfung gegen Katzenseuche fällig (nach 8 Wochen),
– muß die Wurmkur wiederholt werden (9. Woche),
– ist die 2. Impfung gegen Katzenseuche fällig (nach 10 Wochen),
– kann der Mensch sie, ab der 10. Woche, übernehmen – so lange sollte man also warten, bis man sie in die berühmten „guten Hände" gibt, und
– soll die 1. Tollwutimpfung erfolgen (10. – 12. Woche).
Danach zählt man nach Monaten:
– 7 – 12 Monate: Geschlechtsreife,
– 8 – 12 Monate: Katzen sterilisieren lassen,
– 12 – 18 Monate: Kater kastrieren lassen,
– 14 – 16 Monate: noch mal Impfung gegen Katzenseuche (am besten einmal jährlich),
– 24 Monate: noch mal Impfung gegen Tollwut.
24 Monate – Mucki ist jetzt 18 Menschen-Jahre und läßt sich nichts mehr sagen. Denn alles, was es zu sagen gibt, hat ihm die Mutter bereits beigebracht: wie man jagt, wie man richtig zubeißt, und daß man Leute nicht über Gebühr nerven soll, denn dann gibt's eins mit der Pfote. Katzen *nämlich erziehen autoritär.*

Der Katzenfreund, der am liebsten den ganzen Tag in dieses wuselnde Nest gucken möchte und auch allen Besuchern freien Zutritt gibt, sollte eben das nicht tun. **In Ruhe lassen ist die erste Katzenfreundes-Pflicht,** kein helles Licht, kein Lärm, keine Präsentationen.

Katzenmütter wissen schon selbst am besten, wann sie ihren Nachwuchs vorstellen können, man sollte ihnen Art und Zeitpunkt überlassen. Und natürlich: *Vorsicht, wo immer man hintritt.* Über-

147

all können Katzen sein. Und wenn Sie mal ein Kleines hochheben – bitte nicht im Genick packen. Das können nur Katzenmütter, und zwar mit den Zähnen.

Geben Sie der Mutter ausreichend zu essen und zu trinken, denn fünf, sechs Säuglinge gehen an die Substanz!

Einmal ist nicht keinmal

Manche sagen, man solle eine Katze wenigstens einmal Kinder kriegen lassen, ehe man sie sterilisiert. Da mag was dran sein – seelisch und hormonell. Aber man muß natürlich wissen: Wohin damit? Und danach: den Tierarzt aufsuchen, ehe der Spaß von neuem beginnt. –

Wer aber denkt in solchen Stunden an die andere, die auch auf einen wartet: an die letzte Stunde?
Hauskatzen werden nach der Mensch-Katzen-Rechnung bis zu 20 = 100 Jahren. Und wenn sie nicht vorher einem Auto, einem Hund, einem Jäger oder sonst einer Katastrophe zum Opfer fallen oder ganz einfach ohne Wiederkehr verschwinden, kann dieses Alter zur Last werden – für die Katze und für den Katzenfreund.

Katzen können blind werden und tasten dann hilflos in der Wohnung herum.
Sie können bösartige Krankheiten bekommen.
Sie können nichts mehr halten. Sie fühlen sich unglücklich und wissen nicht, weshalb, sie ziehen sich mehr und mehr in Ecken zurück usw.
Wenn man Glück hat, verläuft dieses Alter ohne außergewöhnliche Probleme, zumindest ohne Krankheit.
Dann muß man die Katze nur ab und zu „trockenlegen".
Schlimm wird's bei einer unheilbaren, schmerzhaften Krankheit. Was dann? Euthanasie, den Freund einschläfern lassen? *Niemals!* Sein Leiden verlängern, ihn jammern hören? *Niemals!* Leider schließt das eine *Niemals* das andere aus.
Tage der Diskussionen vergehen – schließlich siegt das Herz über das Herz, oder auch umgekehrt: Die schwere Fahrt zum Tierarzt wird angetreten.

Hier hat man ihn hingebracht zum Impfen, beim

gestauchten Knöchel, für die Wurmkur. Immer konnte man guten Gewissens sagen: Keine Angst, es passiert schon nichts. Aber was sagt man diesmal?

Es scheint, als durchschaue er einen. Oder redet man sich das nur ein, weil man ein schlechtes Gewissen hat?

Andererseits: Muß man ein schlechtes Gewissen haben? Ist es nicht das Beste, was man tun kann, und tut es einem nicht selbst am meisten leid?
Man hat natürlich gut reden – bei anderen ist man immer gern bereit zu glauben, daß der Tod das beste ist. Würde man genauso denken, wenn's

um einen selber ginge?
Redet man nicht vom Leiden
des anderen, das man abkür-
zen will, während man eigentlich nur eines möchte: eine
Last loswerden?
Böse und verwirrte Gedanken
sind es, die sich da im Kat-
zenfreund-Kopf prügeln,
während man zum Veterinär
fährt und der Delinquent mit
Riesenaugen durch das
Gitterfenster des Korbs guckt.
Ahnt er doch etwas, spürt er,
daß der Freund nicht so
forsch-fröhlich ist wie
sonst…?
Dann die Spritze („Wirkt ganz
schnell, spürt er gar nicht,
schläft ganz friedlich ein",
tröstet die Frau Doktor und
sticht zu).

Er schnurrt sich noch selbst
Mut zu, wie einer, der im
dunklen Wald pfeift, dann
wird es leiser – Ende.

Hat man keinen Garten mit
eigener Friedhofsecke,
kann man ihn beim Tierarzt
lassen, er kommt dann in den
großen Abdeckertopf. Als
Gartenbesitzer nimmt man
ihn natürlich mit – dort,
neben dem Busch oder unter
der Hecke, wo er so gern

gelegen hat, schaufelt man
sein Grab.
Das ist zwar verboten –
zumindest aber nicht unbedingt gern gesehen –, aber
hier hat das Gesetz mal Pau-
se. Allerdings sollte man ihn
so hineinlegen, höchstens in
ein Tuch gewickelt – auf gar
keinen Fall aber in irgendwel-
ches Plastik einpacken!

Ja, und dann darf man noch
eine Weile trauern, sich
alte Fotos ansehen, Geschichten in Erinnerung rufen, und
danach wendet man sich wieder dem Leben und den anderen Katzen zu.
Die haben das Verschwinden
des Kollegen gar nicht
bemerkt. Und selbst wenn:
Manche wären garantiert so
herzlos, sich darüber zu
freuen.
Beneidenswerte Tierseele!

„Der Mensch im Bett ist unhygienisch."

Und andere Tips aus Katzensicht

Von Miauus Felidus

(Der Verfasser, Miauus Felidus, menschlicher Name „Pelz", ist ein grau-weißer Kater, zwölf Jahre alt und seit über fünf Jahren praktizierender Menschenfreund. Wir hielten seine Ausführungen für so aufschlußreich, daß wir sie hier an den Schluß des Buches stellen wollen.)

Immer wieder werde ich von Kollegen gefragt, was es denn wirklich auf sich habe mit dem Wesen, das sich selbst den reichlich hochtrabenden Titel Homo sapiens verliehen hat, und ob es ratsam sei, sich näher als zehn Schritte an ihn heranzumachen.

Dazu kann ich nur sagen: Vorsicht, der Mensch ist falsch – er lächelt dich an und tut gottweißwie, aber wenn er dich mal am Wickel hat, helfen oft nur noch ausgefahrene Krallen.

Aber das gilt erfreulicherweise nicht für alle. Manchen von uns ist es gelungen, den Menschen sogar zum Katzenfreund zu machen und dabei

selbst zum Menschenfreund
zu werden.
Und zwar, komischerweise,
ohne selbst viel dafür zu tun.
Denn es scheint, daß es eine
Menge Menschen gibt, die
sich uns verwandt fühlen –
wie und in welcher Hinsicht:
Das weiß der Große Schnurr-
bartträger allein.

Ich selbst gehöre seit einigen
Jahren auch dazu. Auch ich
habe meine Meinung ändern
müssen – nicht total, nur par-
tiell. Ein paar Menschen habe
ich kennengelernt, die mir
fast ein bißchen ans Herz
gewachsen sind. Andere sehe
ich nach wie vor lieber von
hinten als von vorn.
So konnte ich den Menschen
ausgiebig studieren – ich meine: den Menschen als Katzenfreund. Mit dem anderen habe
ich vorher genügend Erfah-
rungen gemacht.
Bruchstücke dieses Studiums
möchte ich gern weitergeben.
Denn vielleicht stößt einer
von euch schon morgen auch
auf so einen Menschen, kriegt
die Chance, auf der Fensterbank zu schlafen und Dosenfutter zu essen (ich bin übrigens für Wild und Innereien),

und da findet er sich
mit diesen Tips sicher etwas
besser zurecht.

Also:

– Der Mensch legt Wert darauf, daß ihr euch anständig
verhaltet: ruhig, sauber,
friedlich. Deshalb: Reißt
euch zusammen, und
schmeißt keine farbigen
Gläser um, auch wenn sie

noch so verlockend herum-
stehen, denn die Versiche-
rung zahlt das nicht.
– Der Mensch ist oft schwer
von Begriff: Ihr könnt euch
noch so herausfordernd vor
den leeren Futterteller
setzen und euch den Mund
fusselig reden – er kapiert's

nicht. Höchstens, daß er
davon redet, es wär' jetzt
noch nicht sechs, oder ihr
wärt zu dick – was beides
bedeuten soll: keine
Ahnung.
– Der Mensch ist unflexibel:
immer möchte er sich
dahinlegen, wo unsereins

154

gerade liegt, und geht dann seufzend anderswohin. Legen wir uns aber beim nächstenmal dorthin, ist es auch nicht recht.

– Manchmal breitet der Mensch eine Decke aufs Sofa – seid so lieb und legt euch nebendran. Besser ist besser, vielleicht ist es ein altes Erbstück, das man nicht berühren darf.

– Der Mensch ist ganz versessen auf eure Nähe. Wenn er am Boden liegt und in einem großen, weißen Papier herumblättert – tut ihm den Gefallen und setzt euch drauf. Auch wenn es unbequem ist – er wird es euch danken, indem er etwas sagt, das so ähnlich klingt wie: Ach Gott, du schon wieder!

– Der Mensch ist, was viele nicht wissen, ein begeisterter Mäusejäger. Bringt ihm deshalb immer mal eine lebende Maus mit, und laßt sie vor seinen Füßen los. Beteiligt euch nur zum Schein an der Fangerei, damit ihr ihm seinen Spaß nicht nehmt. Meist kriegt er sie nicht und muß dann eine spezielle Falle aufstel-

len. Vorsicht: Tretet da bloß nicht rein!

– Manchmal läßt der Mensch etwas besonders Gutes auf dem Tisch stehen. Aber Achtung: Das ist streng „off limits" für euch. Da dürft ihr nur heimlich drangehen. Versucht es so zu machen, daß es nicht sofort auffällt. Und wenn er kommt – legt euch hin und stellt euch tiefschlafend.

– Der Mensch baut euch auch ein WC auf. Nehmt das als ernstgemeinte Aufforderung. Auch wenn ihr draußen seid – wenn's

drückt: immer heimkom-
men, selbst dann, wenn es
kaum noch reicht. Er freut
sich darüber.
– Wenn der Mensch mal
schläft – was seltsamerwei-
se vorwiegend nachts der
Fall ist, also dann, wenn's
eigentlich erst anfängt,
richtig schön zu werden! –,
braucht er ewig lange, bis er
wieder zu sich kommt und

die Augen aufkriegt. Helft
ihm da, wenn ihr morgens
heimkommt, indem ihr ihn
sanft, aber nachdrücklich
anstupst. Er ist dann richtig
hellwach, wenn's zwei Stunden später ans Aufstehen
geht, und wird es euch
danken.
– Das beste Essen gibt es
immer, wenn der Mensch
bei Tisch sitzt. Doch gehen

da die Meinungen auseinander: Einige Menschen behaupten, wir hätten da nichts zu suchen, andere lassen sich erweichen. Greift da nicht ein, laßt sie das unter sich abmachen. Es genügt, wenn ihr dabei sitzt, schnurrt und sie nacheinander eindringlich anseht. Länger als ein paar Gabeln hält das keiner aus.

– Wenn ihr dann was abbekommt, freßt es nicht aus der Hand, das ist unfein. Laßt es auf den hübschen Bezug der Sitzbank fallen und kaut möglichst lange darauf herum, damit der Mensch sieht, daß es euch schmeckt. Schmeckt es nicht, dann laßt es liegen, zerkaut es aber trotzdem, um euren guten Willen zu zeigen.

– Wenn euch mal übel ist, weil ihr euch an einer zu alten Maus den Magen verdorben habt – übergebt euch immer nur auf den hellsten Teppich, damit der Mensch das auch sieht und nicht versehentlich reintritt. Er sagt dann immer Worte, die irgendwie lieb und anerkennend klingen, wie z.B.:

Mistvieh, verdammtes.

– Fallt nicht drauf rein, wenn der Mensch immer wieder behauptet, Hunde und Katzen seien keine Erzfeinde. Davon haben Menschen keine Ahnung. Ich hab' mich mal mit einem Hund durch den Gartenzaun darüber unterhalten – er hat nur gelacht. Also: Laßt euch nichts einreden. Haut lieber ab, wenn einer kommt. Denn wenn's schiefgeht, zahlt euch kein Mensch was dafür.

– Wenn der Mensch schlafen geht, kommt er gern dahin, wo wir meist schon sind: ins Bett. Das hat er sich zweifellos bei uns so abgeschaut. Seid so nett und

Von Hunden hat er keine Ahnung!

157

rückt ein bißchen beiseite, wenig später geht ihr ja doch raus.

Es heißt zwar, den Menschen mit ins Bett zu nehmen sei unhygienisch, aber macht ihm halt die Freude.

– Der Mensch mag uns vielleicht, sieht uns aber dennoch immer als irgendwie unter sich stehend an – Geschöpfe zweiter Ordnung sozusagen. Laßt ihn in dem Glauben. Denn warum soll man jemanden kränken, indem man ihm die Wahrheit sagt, wenn er täglich losgeht und sich den ganzen Tag irgendwo um die Ohren haut, nur um uns das Futter, den Fensterplatz, das Bett und den Garten finanzieren zu können?

– Seht dem Menschen manches nach. Schließlich hat er als einziger ein überdimensioniertes Großhirn. Und deshalb hat er auch als einziger die Möglichkeit, dumm zu sein. Wir hingegen stellen uns ja nur so – intelligent, das wißt ihr, sind wir jederzeit, aber nur,

wenn's unbedingt sein muß.
– In der Vorstellung des Menschen haben wir etwas Rätselhaftes. Vor allem unsere Augen sollen unergründlich und geheimnisvoll sein. Keine Ahnung, wie er auf diese Idee kommt. Schließlich lassen wir ihn nie im unklaren darüber, was wir wollen (ich jedenfalls nicht). Aber: Nutzt das ruhig aus! Der bereits erwähnte Hund hat mir gesagt, daß er das auch tut. Sein Blick, sagte er, gilt als treu. Treu! – Was ist das schon gegen geheimnisvoll!
– Übrigens: Für den Fall, daß der Mensch euch mal nicht beachtet, gibt es einen einfachen Trick – hinkt an ihm vorbei. Wirkt sofort!

Alles in allem: Das Leben bei dem Menschen hat schon seine Vorteile, auch wenn er unsere Geduld mitunter heftig auf die Probe stellt. Allerdings: Je besser ihr euch benehmt, um so größer ist die Gefahr, daß er sich noch andere Katzen ins Haus holt – was das dann wieder für welche sind, darauf hat man leider keinen Einfluß. Da

müßt ihr euch schon auf euer Glück verlassen.
In diesem Sinne: Macht das Beste draus!

In der selben Ausstattung sind bisher erschienen:

Jeder Band hat ca. 160 Seiten und zahlreiche Illustrationen